16	3	2	13
5	10	11	8
9	6	7	12
4	15	14	1

Alfredo Bosi

TRÊS LEITURAS
Machado, Drummond, Carpeaux

editora 34

EDITORA 34

Editora 34 Ltda.
Rua Hungria, 592 Jardim Europa CEP 01455-000
São Paulo - SP Brasil Tel/Fax (11) 3811-6777 www.editora34.com.br

Copyright © Editora 34 Ltda., 2017
Três leituras: Machado, Drummond, Carpeaux © Alfredo Bosi, 2017

A FOTOCÓPIA DE QUALQUER FOLHA DESTE LIVRO É ILEGAL E CONFIGURA UMA
APROPRIAÇÃO INDEVIDA DOS DIREITOS INTELECTUAIS E PATRIMONIAIS DO AUTOR.

Capa, projeto gráfico e editoração eletrônica:
Bracher & Malta Produção Gráfica
Revisão:
Diego Molina, Alberto Martins

1ª Edição - 2017

CIP - Brasil. Catalogação-na-Fonte
(Sindicato Nacional dos Editores de Livros, RJ, Brasil)

B115t
Bosi, Alfredo, 1936
    Três leituras: Machado, Drummond,
Carpeaux / Alfredo Bosi — São Paulo: Editora 34,
2017 (1ª Edição).
88 p.

ISBN 978-85-7326-655-9

1. Literatura brasileira - Análise e crítica.
2. Teoria literária. 3. Assis, Machado de, 1839-1908.
4. Drummond de Andrade, Carlos, 1902-1987.
5. Carpeaux, Otto Maria, 1900-1978. I. Título.

CDD - 801

TRÊS LEITURAS
Machado, Drummond, Carpeaux

1. O duplo espelho
   em um conto de Machado de Assis 7

2. Em torno de um poema
   de *A rosa do povo* 35

3. Relendo Carpeaux..................................... 61

   Sobre os textos 83
   Sobre o autor 84

1.

O duplo espelho
em um conto de Machado de Assis

> "Podes imaginar algo mais terrível que ver, afinal, decompor-se tua natureza em uma multidão de elementos, tornar-te múltiplo, uma Legião, como os desgraçados seres demoníacos e perder assim o mais íntimo e o mais sagrado de um homem: a potência ordenadora da personalidade?"
>
> Kierkegaard, *Estética e ética na formação da personalidade*

> "[...] ficou-me uma parte mínima de humanidade."
>
> Machado de Assis, "O espelho"

O conto "O espelho"[1] começa pelo fim. Em uma reunião de amigos nos altos de Santa Teresa, o protagonista, Jacobina, lembrará o episódio crucial da sua vida. As linhas de abertura, escritas em terceira pessoa, dão conta das conversas do pequeno grupo em torno de assuntos transcendentais.

Naquela noite, o mais calado e casmurro dos presentes (os adjetivos estão no texto) sustentará, sem tolerar réplica, que os homens têm duas almas, e não uma, como se costuma pensar. A alma interior olha de dentro para fora, a alma exterior olha de fora para dentro. O que distingue

---

[1] Veja-se o conto na íntegra às pp. 22-33 deste volume.

esta última é a sua natureza versátil. Pode ser qualquer pessoa, coisa ou situação que transmita vida à primeira. Os exemplos são díspares, domésticos ou públicos, locais ou universais: um botão de camisa, uma máquina, um par de botas, os ducados para o usurário Shylock, a pátria para Camões, o poder para César; para uma senhora às vezes é a ópera, outras o baile do Cassino, ou a rua do Ouvidor, caso aliás comum, pois ela é mutante.

A multiplicidade de formas de alma exterior e a sua capacidade de preencher inteiramente a alma interior lembram as sentenças desenganadas de alguns moralistas de tendência jansenista sobre a leviandade com que objetos aparentemente desimportantes afetam a alma e a distraem de seus males mais profundos. É o tema do *divertissement* (diversão, distração, desvio) de Pascal. Homens graves mergulhados no luto pela perda de entes queridos logo esquecem o motivo de suas dores quando veem passar, por acaso, um javali que neles desperta o desejo da caça... Em Pascal, em La Rochefoucauld e em La Bruyère o *divertissement* é uma tentação a que a alma cristã ou estoica não deve ceder. Em Machado, é um dado de realidade que a ficção pode representar. Leia-se o conto "Dona Benedita", que ilustra a labilidade da alma de uma senhora que afeta sentimentos fortes e constantes, mas não tem mais que veleidades, resvalando de objeto em objeto de sua predileção. Não consegue fixar-se em nenhum, é incapaz de ser fiel a cada escolha, pois já dissipou a consistência do próprio eu.

A teoria de Jacobina corta cerce a crença na unidade coesa da alma: esta passa a ser não mais uma entidade espiritual, una e indivisível, mas tão só um polo dominado por objetos de interesse que atraem o eu como poderosos ímãs, estímulos de vida, numa palavra, desejos. A alma interior se entrega à imagem do objeto querido.

As certezas do narrador lhe vieram sob a forma de uma experiência pessoal única, que ele declara categoricamente não submeter a réplicas, como se tivesse ocorrido apenas com um determinado indivíduo — ele próprio. Como pôr em discussão uma experiência que não fora partilhada pelos companheiros daquela noite de conversa? Discutir, é sua convicção, seria açular os instintos agressivos que jazem em cada criatura, herança de sua ancestral animalidade... Se o Conselheiro Aires manifestaria em seu diário tédio à controvérsia, Jacobina, menos diplomático, recusa ceticamente todo e qualquer debate em torno da sua tese. Em compensação, contará a sua história. A narrativa suprirá o discurso, pois "a melhor definição de amor não vale um beijo de moça namorada".

Moço de origem pobre, que todos chamavam Joãozinho, conseguiu o posto de alferes da Guarda Nacional. Posto modesto, inferior ao de tenente (hoje um segundo tenente), mas superior ao de sargento, o que significava um *status* de transição entre o praça, soldado não graduado, e o oficial, um começo decoroso de carreira. Apesar do despeito que essa nomeação provocara entre os concorrentes, quantas satisfações lhe valeu a patente! O orgulho da mãe, a sincera alegria dos primos e tios, e a generosidade dos amigos que lhe deram todo o fardamento.

Foi nesse clima de euforia que tia Marcolina o convidou para passar alguns dias no sítio onde morava a muitas léguas da vila, "um sítio escuso e solitário". São conotações com que o narrador emite breves indícios, presságios vagos, mas nem por isso menos sugestivos de futuros estados de alma de Jacobina misturados com a paisagem.

Mas não nos adiantemos, mesmo porque o acolhimento que o rapaz recebeu de tia Marcolina, do seu cunhado Peçanha e dos escravos da casa não poderia ter sido mais caloroso. Era "senhor alferes" a todo momento, eram abraços apertados da tia, eram rapapés dos escravos, um coro de elogios que reforçavam a nova identidade do rapaz, a ponto de "o alferes eliminar o homem". A alma exterior (o posto, a farda) ocupara inteiramente a interior, como a tese de Jacobina queria demonstrar.

Mas o processo de esvaziamento da alma interior não parou aí. O narrador reconhece, a certa altura, que o alferes que vestira e investira a sua pessoa o tornara insensível às dores humanas, pelas quais sentia apenas uma "apática compaixão", expressão em que o adjetivo suprime o substantivo. Nada mais que um sorriso forçado, "um sorriso de favor", ele se dignava esboçar em face dos sofrimentos do próximo. Esse era o Narciso fardado que o antigo espelho de luxo de tia Marcolina refletia quando mirado por Jacobina.

Um acontecimento inesperado mudou a vida do nosso alferes. Tia Marcolina precisou ausentar-se com o cunhado para acudir a uma filha que adoecera gravemente. Vendo a casa vazia, os escravos fugiram. O sítio ficou deserto, agora sim, escuso e solitário. Jacobina perdeu de repente o olhar dos outros que o constituíam e sustentavam a sua nova identidade.

A DIMENSÃO ESPECULAR

Em um primeiro momento, Jacobina, outrora Joãozinho, mirava-se no espelho e nele via refletida a figura de si mesmo construída pelo olhar do grupo de convivência. Era a imagem do alferes fardado que tantos elogios provocara da parte dos parentes e moradores do sítio. Essa fusão das aparências do papel social com a autoimagem de Jacobina remete à *dimensão especular inerente tanto no olhar do outro como no reflexo realizado pelo espelho*. Trata-se de um primeiro espelhamento, mas bastante forte para sustentar a nova *persona* de Jacobina, que passa a ser *alguém*, passa a existir publicamente em termos de identidade psicossocial.

A narrativa desdobra essa dimensão especular por via negativa. Faltando o olhar do outro, Jacobina entra em um estado de solidão que beira a angústia. Fazia pouco tempo fora agraciado pelo reconhecimento efusivo do estreito círculo que o rodeava. De repente ficara só. A evocação desse momento é um dos tentos existenciais da narrativa machadiana. Não por acaso ocupará quase metade do conto.

Rompida a comunicação com os seres humanos que o incensavam, Jacobina experimentou, como primeiro efeito da solidão, "uma sensação como de pessoa que houvesse perdido toda a ação nervosa, e não tivesse consciência da ação muscular". Estranhos sintomas de um corpo cujos movimentos fossem de repente paralisados. Quão profundo e intenso fora o estímulo da alma exterior a ponto de, na sua falta, cessar todo sinal da alma interior! À paralisia dos músculos e dos nervos sucede a parada do tempo. "Nunca os dias foram mais compridos, nunca o sol abrasou a terra com uma obstinação mais cansativa. As horas batiam de século a século, no velho relógio da sala, cujo pêndulo, *tic-tac, tic-tac*, feria-me a alma interior, como um piparote contínuo da eternidade." A lembrança de um poema de Longfellow dava-lhe calafrios, pois o estribilho, *never, for ever — for ever, never!*, era o próprio símbolo do eterno imutável, do sempre e do nunca. Caindo a noite, vieram as sombras, e a solidão fazia-se ao mesmo tempo mais estreita e mais larga.

A que se reduzira o garboso alferes de tia Marcolina, do Peçanha, dos escravos? "Era como um defunto andando, um sonâmbulo, um boneco mecânico." Figuras da morte da consciência que sobrevém com a supressão de toda vida interior. Um resto de alma, no entanto, "uma parte mínima de humanidade", ainda sobrevivia nos sonhos, em que Jacobina se fardava e ouvia o coro unânime da família e dos amigos encantados com o seu querido alferes. Amigos vinham e prometiam-lhe o posto de tenente, ou de capitão... No sonho era ainda o olhar do outro, resto da vigília em sociedade, que o confortava. Mas o despertar lhe arrancava as esperanças de retorno da alma exterior. A solidão permanecia, enorme. Como na lenda francesa contada por Perrault: *Soeur Anne, soeur Anne, ne vois-tu rien venir?* Não, nada, ninguém vinha em seu socorro. E a pêndula repetia o cruel tic-tac: "era um diálogo do abismo, um cochicho do nada".

A angústia desse tempo sem tempo, porque fora do tempo social, interrompeu o primeiro momento, feliz, que pode ser caracterizado como o da dimensão especular, que seria tolhida pela carência do olhar caloroso do próximo.

O que vem em seguida ocupa o centro vivo do conto. É a tentativa de Jacobina ver-se a si mesmo depois de alguns dias em que se recusara a olhar-se ao espelho precisamente porque temia contemplar o seu duplo naquela condição de desespero. Em suas palavras, "um receio de achar-me um e dois, ao mesmo tempo, naquela casa solitária". Mas um desejo súbito ("deu-me na veneta") vence o temor e Jacobina volta a mirar-se no velho espelho que tia Marcolina colocara em seu quarto.

Em vez da imagem nítida do corpo e das feições, o que o espelho lhe mostra é uma figura "vaga, esfumada, difusa, sombra de sombra"... Estarrecido, mas ainda consciente de que as leis físicas continuavam a dar ao espelho o poder de refletir claramente os objetos, Jacobina atribui o fato a alguma afecção nervosa que o acometera naqueles dias de abandono. Ergue então o braço como para voltar à realidade, mas o espelho lhe devolve a imagem dispersa, esgarçada, mutilada... Começa a vestir-se na expectativa de romper aquele encanto, e o espelho desfia e decompõe os contornos da sua pessoa. Era "uma nuvem de linhas soltas, informes".

Cumpre-se nessa passagem a perfeita analogia entre o espelho e o olhar do outro. A ausência deste nos impede de ver-nos a nós mesmos como cremos que somos vistos, de tal modo que até o espelho parece perder a capacidade de nos reproduzir com nitidez. Restou somente o reflexo de fragmentos esparsos, sombras desgarradas nos vazios da alma interior. Imagens que perfazem o que, na feliz expressão de T. S. Eliot, seria o correlato objetivo de um processo subjetivo. Mas... em certo momento ocorreu a Jacobina a ideia de envergar o fardão de alferes. Em um átimo de intuição, ele se apercebe de que a alma exterior, a vestimenta, era o sinal visível do seu *status* enquanto aparência inseparável da patente na Guarda Nacional. O espelho reflete, como antes, o alferes.

A farda, insígnia da alferidade de Jacobina, fazendo as vezes da sua alma exterior, ata de novo as linhas que ficaram soltas, inteira as partes no todo do corpo, costura as feições do rosto que se tinham esgarçado. A partir da renovada posse do seu *status*, ele compreende de novo a si mesmo e o mundo que o rodeia, recupera a firmeza do olhar e retoma a coerência da percepção das coisas e dos homens. Tia Marcolina e os outros moradores ainda não tinham voltado para o sítio, mas os olhos, que haviam fitado com admiração a farda de Jacobina, incorporaram-se à aparência do posto de alferes e restituíam através do espelho a alma exterior que parecia perdida.

Até aqui, a dimensão especular que funde o espelho e o olhar do outro. O processo instaurou-se com vigor nos dias de convivência de Jacobina com os seus próximos; apartou-se na ausência destes criando o deserto em torno da criatura solitária; recompôs-se enfim com a retomada da alma exterior.

A sociologia do fim do século XIX estudava o mesmo fenômeno ao examinar a força incoercível do papel social, segunda natureza do ser humano. Para a nova ciência, criada por Comte e erigida em sistema por seus discípulos, a vida do homem em sociedade estava subordinada ao papel desempenhado pelo sujeito. A função social determinava o seu quadro de valores, a percepção dos outros e de si, a memória, a vontade e sobretudo a sua consciência. Os fatos sociais, afirmava Durkheim, são coisas.[2] Semelhantes a estas, são dotados de exterioridade, à qual se junta o poder de coerção.

Ora, a farda é, sem dúvida, uma coisa que existe fora do sujeito e antes dele. Na esfera das representações so-

---

[2] Émile Durkheim, *As regras do método sociológico* (1895), tradução de Maria Isaura Pereira de Queiroz (São Paulo, Companhia Editora Nacional, 1984, 11ª ed., pp. 13-27).

ciais ela remete ao lugar público, o *status* ocupado pelo alferes. Uma coisa, um lugar. As representações já estão formadas pela interação de redes, grupos, no caso, o universo familiar de Jacobina. Do mesmo modo, o objeto do olhar do outro é também uma construção social: aqui, a valoração da patente da Guarda Nacional, que propiciou um alto grau de autoestima da parte de Jacobina.

As representações não são arbitrárias nem aleatórias: reforçam o sistema simbólico do grupo, compõem as partes no todo, o indivíduo na sociedade. No estado inicial do processo de espelhamento, a identificação do indivíduo Jacobina com o grupo de convivência foi íntima, a ponto de o alferes ter eliminado o homem. A esse momento de *objetivação* seguiu-se o isolamento de Jacobina, o desnorte, o estado de angústia e, no seu bojo, a decomposição da autoimagem que se refletiu no desfiamento da figura vista ao espelho. Integração primeiro, desintegração depois; a reintegração só se deu quando o fetiche social investiu, de novo, a alma interior de Jacobina, fazendo-o reconhecer-se como alferes.

O ESPELHO DO ESPELHO.
A DIMENSÃO ESPECULATIVA

O esquema sociológico, de extração positivista, funciona bem até o momento em que se formula a pergunta:
— Qual o lugar do narrador-protagonista deste conto que desce tão fundo na constituição social do sujeito?

Para arriscar uma resposta, é preciso voltar ao início da narrativa. Quem vai contar a sua história é um homem maduro, entre quarenta e cinquenta anos de idade, do qual sabemos que é taciturno, sorumbático e, quando fala, escarninho. Sabemos também que é um provinciano capitalista, alguém que subiu na escala social, passando de moço pobre a alferes e, anos depois, a homem de considerável cabedal. Mas, a rigor, nada sabemos de sua vida decorrida entre o episódio e a narração. A ascensão econômica não lhe trouxe, porém, um trato jovial ou sequer sociável. Ouve em silêncio, não participa da discussão e, mais drasticamente, recusa o diálogo, não admite réplica, ameaça deixar a reunião se contrariado e, de fato, desaparece sem dizer adeus depois de acabada a narrativa.

Tendo recuperado a figura de alferes, aprendeu a duras penas o mecanismo que consiste na *necessidade de parecer*, pois o que vale é ser-para-o-outro. A autoanálise, que reponta em seu comentário da fase inicial do espelhamento, não deixa dúvida de que a consciência moral do narrador reconhece com lucidez a desumanização do processo inteiro. Confessa a sua frieza em relação às dores humanas, a "apática compaixão", o "sorriso de favor" com que ouvia as queixas do próximo; em suma, a indiferença a tudo o que não fosse a sua condição de alferes.

Essa brecha da consciência, cavada na opaca fruição do próprio *status*, aponta para um desconforto moral, uma tensão mal resolvida que o caráter soturno e ríspido do homem maduro veio potenciar. O realismo da teoria das duas almas assumia um ar inicialmente petulante, mas revela-se opressor quando a experiência da solidão e o eclipse da alma exterior levaram o sujeito a um estado agônico.

Comparado com o *conflito entre vida e fôrma social*, projetado na ficção e no drama de Pirandello, o efeito existencial da experiência de Jacobina será menos dramático, na medida em que uma forçosa e muda resignação final parece dizer que o mundo é assim mesmo e nada há a fazer. As personagens pirandellianas rebelam-se contra o molde social que as enrijece e as obriga a representar convenientemente o papel que delas exigem sua classe, seu *status*, sua profissão, sexo ou idade. Revoltam-se não só em atos e gestos, mas em discursos, alguns longamente elaborados, que confluem para uma doutrina neorromântica e anárquica da liberdade individual freada pelas convenções. Pirandello levou ao paroxismo o mal-estar das suas personagens a ponto de fazê-las resistir não só à pressão social que as asfixia, mas ao próprio autor (ficcionista ou dramaturgo), que desfruta do poder arbitrário de moldá-las a seu critério e traçar-lhes o destino. É o tema de tantas de suas *novelle per un anno*, de *O falecido Mattia Pascal*, das *Seis personagens à procura do autor*, de *Um, nenhum e cem mil*... A diferença de tom em relação ao texto de Machado é sensível, mas é expressiva a afinidade na consideração do social como externo mas invasivo e imperioso.

Quando a leitura do conto se detém na perspectiva assumida pelo duplo foco narrativo (de primeira e de terceira pessoas), o que se verifica é a existência de um segundo nível de espelhamento. Tratando a farda e a patente de alferes como coisas que forjam, de fora para dentro, a vida mental do protagonista, o narrador constata (embora não denuncie explicitamente) o poder e a eficácia de um processo ao qual uma outra sociologia, já não positivista, mas dialética, dá o nome de *reificação*.[3]

---

[3] O conceito de reificação, afim, mas não semelhante, ao conceito hegeliano de alienação, foi trabalhado cabalmente no clássico *His-*

A farda e a patente continuam sendo coisas na sua exterioridade coatora, mas a relação do sujeito com a coisa e o fato acusa não mais a simples identificação, mas desgosto mal reprimido, esquivança e (por hipótese) crítica. No primeiro momento, o espelhamento conduzia à pura e satisfeita coisificação: é o *tipo*, o moço pobre que subiu na vida, com todos os limites estruturais que essa classificação comporta. No segundo momento, abre-se a possibilidade da consciência como instância negativa do processo.

Esse segundo espelhamento já não é passivo. A sua dimensão não é mais puramente especular: é especulativa, trabalho da reflexão sobre o reflexo, movimento que é inerente à consciência. Os signos da dimensão especulativa podem ser detectados a partir dos adjetivos que qualificam Jacobina maduro — *calado*, *casmurro*, *cáustico* —, bem como na sua reação de desconforto irritado e intratável, avesso a um discurso que socialize e dialetize as próprias certezas. O peso da alma exterior o emudece. Não obstante, a consciência desenganada aflora de modo explícito no juízo que ele faz da sua insensibilidade quando se reduzira a ser apenas e exclusivamente alferes: "A única parte do cidadão que ficou comigo foi aquela que entendia com o exercício da patente; a outra dispersou-se no ar e no passado". Pouco antes dissera: "ficou-me uma parte mínima de humanidade". E adiante: "Vamos ver como, ao tempo em que a consciência do homem se obliterava, a do alferes tornava-se viva e intensa. [...] No fim de três semanas, era outro, totalmente outro, era exclusivamente alferes".

tória e consciência de classe (1923), de Georg Lukács (ver *Histoire et conscience de classe*, tradução de Kostas Axelos, Paris, Les Éditions de Minuit, 1960).

Recapitulando: foram esses os passos do processo inicial de espelhamento. A farda, objeto de desejo e fetiche construído pelo teatro social, investe a alma de Jacobina e o aliena da sua condição humana: o alferes eliminou o homem. A reificação emprestou-lhe uma autoimagem feliz: mortificou-o quando parecia perdida; e reconstruiu-o quando a retomou.

O poder da coisa e do lugar marcaria Jacobina pela vida afora com o sentimento acre da sua dependência em relação aos grandes bens públicos de uma sociedade entre tradicional e moderna: o *status* reconhecido e o capital acumulado. Esse madrugar de uma dimensão especulativa é a consciência infeliz do provinciano que virou capitalista e do homem que se tornou casmurro, cáustico e refratário ao diálogo com os companheiros da noite. A rememoração, feita narrativa (no fundo e na forma, um esquivo solilóquio), é o derradeiro espelho do processo na sua inteireza.

A objetivação e a alienação, que, na fenomenologia de Hegel, são momentos progressivos de um processo cujo resultado é a plena autoconsciência, pesam neste conto de Machado mais do que uma ideal libertação.[4]

---

[4] Para a compreensão do conceito de alienação em Hegel, veja-se o prefácio da *Fenomenologia do espírito* (1807), que valoriza cada instância do desenvolvimento da consciência, começando pela sua objetivação e resultando na autoconsciência. Essa progressão feliz que se move para o apaziguamento final não se dá, evidentemente, no conto de Machado, que se detém nos efeitos malsofridos da experiência da reificação (ver G. W. F. Hegel, *Phénoménologie de l'esprit*, prefácio, tradução e apresentação de Jean-Pierre Lefebvre, Paris, Flammarion, 1996, particularmente § 18 e 19).

Permito-me, nesta altura da interpretação, esboçar uma leitura de cunho existencial. Sartre, refletindo sobre a aberta oposição de Kierkegaard ao sistema de Hegel, diz: "Kierkegaard desmentiu a organização interna do sistema mostrando que os momentos ultrapassados se conservam, não somente na *Aufhebung* que os guarda transformando-os, mas neles mesmos, sem transformação alguma, e, ainda mesmo que eles possam renascer, criando, mediante tão só a sua aparição, uma antidialética".[5]

Em outras palavras, e procurando ser fiel ao vocabulário filosófico de Kierkegaard, o *instante* decisivo de uma existência permanece e remanesce como tal e perdura com toda a sua intensidade primeira, não podendo ser nem apagado, nem dialeticamente superado. Jacobina, envergando a farda diante do espelho, reconheceu implicitamente que o olhar do outro o fixara para todo o sempre. Os anos transcorridos depois desse instante crucial confirmaram e potenciaram a sua definitiva entrega ao objeto que lhe conferira um *status* no seu grupo de convivência. Ele rendeu-se à perspectiva e à expectativa social, rigorosamente *re-signou-se*, reiterando e incorporando a si o signo com que o outro o tinha mirado.

Vale observar que esse olhar, tão profundamente analisado em *O ser e o nada*, em termos de coisificação do sujeito pelo outro, não é necessariamente malevolente, nem benevolente. Pode ser um ou outro ou apenas indiferente. Em um romance contemporâneo da obra madura de Machado de Assis, *O Ateneu*, de Raul Pompeia, o olhar ferino dos colegas de classe ameaça o adolescente Sérgio até

---

[5] Jean-Paul Sartre, "L'Universel singulier", em *Kierkegaard vivant*, vários autores (Paris, Gallimard, 1966, p. 31).

levá-lo à beira do desmaio. Em "O espelho", ao contrário, o olhar dos parentes e amigos de Jacobina alferes o envolve de calorosa aprovação e lhe dá a alegre certeza da estima familiar e pública. Mas, maléfico ou benéfico, a sua força verga e paralisa o sujeito, feito objeto, e tolhe a sua possibilidade de encontrar-se a si mesmo, barrando a realização da livre autoconsciência.

Jacobina maduro sabe que não pôde, não soube e, possivelmente, não quis superar o instante-episódio da sua entrega à fôrma social. Mas como dizê-lo aos companheiros daquela noite em Santa Teresa? Como confessar o inconfessável da sua rendição à perda da alma interior assediada e ocupada pela alma exterior? O silêncio que ele impõe aos ouvintes é um silêncio fechado, obstinado, peremptório, numa palavra, *casmurro*, adjetivo que viria do árabe *cadzur* mediante o espanhol *cazurro*, que significa *insociável*. Note-se que, além de casmurro, Jacobina é, quando fala, cáustico, isto é, sarcástico. Essa ferinidade, que não consegue dissimular-se no homem taciturno, é a expressão infeliz daquele resquício de alma interior que sobreviveu sob o domínio da mirada alheia.

Uma vez mais, a narração de um episódio imaginário abriu caminho para a revelação de uma crua realidade.

Uma vez mais, a evocação machadiana de um contexto local (uma fazenda de escravos no interior fluminense; uma patente de alferes da Guarda Nacional) acabou explorando uma questão candente do pensamento moderno: a identidade do sujeito forjada pelo olhar social.

O espelho
(esboço de uma nova teoria da alma humana)

Machado de Assis

Quatro ou cinco cavalheiros debatiam, uma noite, várias questões de alta transcendência, sem que a disparidade dos votos trouxesse a menor alteração aos espíritos. A casa ficava no morro de Santa Teresa, a sala era pequena, alumiada a velas, cuja luz fundia-se misteriosamente com o luar que vinha de fora. Entre a cidade, com as suas agitações e aventuras, e o céu, em que as estrelas pestanejavam, através de uma atmosfera límpida e sossegada, estavam os nossos quatro ou cinco investigadores de coisas metafísicas, resolvendo amigavelmente os mais árduos problemas do universo.

Por que quatro ou cinco? Rigorosamente eram quatro os que falavam; mas, além deles, havia na sala um quinto personagem, calado, pensando, cochilando, cuja espórtula no debate não passava de um ou outro resmungo de aprovação. Esse homem tinha a mesma idade dos companheiros, entre quarenta e cinquenta anos, era provinciano, capitalista, inteligente, não sem instrução, e, ao que parece, astuto e cáustico. Não discutia nunca; e defendia-se da abstenção com um paradoxo, dizendo que a discussão é a forma polida do instinto batalhador, que jaz no homem, como uma herança bestial; e acrescentava que os serafins e os querubins não controvertiam nada, e, aliás, eram a perfeição espiritual e eterna. Como desse esta mesma resposta naquela noite, contestou-lha um dos presentes, e desafiou-o a demonstrar o que dizia, se era capaz. Jacobina (assim se chamava ele) refletiu um instante, e respondeu:

— Pensando bem, talvez o senhor tenha razão.

Vai senão quando, no meio da noite, sucedeu que este casmurro usou da palavra, e não dois ou três minutos, mas trinta ou quarenta. A conversa, em seus meandros, veio a cair na natureza da alma, ponto que dividiu radicalmente os quatro amigos. Cada cabeça, cada sentença; não só o acordo, mas a mesma discussão tornou-se difícil, senão impossível, pela multiplicidade das questões que se deduziram do tronco principal e um pouco, talvez, pela inconsistência dos pareceres. Um dos argumentadores pediu ao Jacobina alguma opinião, — uma conjetura, ao menos.

— Nem conjetura, nem opinião, redarguiu ele; uma ou outra pode dar lugar a dissentimento, e, como sabem, eu não discuto. Mas, se querem ouvir-me calados, posso contar-lhes um caso de minha vida, em que ressalta a mais clara demonstração acerca da matéria de que se trata. Em primeiro lugar, não há uma só alma, há duas...

— Duas?

— Nada menos de duas almas. Cada criatura humana traz duas almas consigo: uma que olha de dentro para fora, outra que olha de fora para entro... Espantem-se à vontade; podem ficar de boca aberta, dar de ombros, tudo; não admito réplica. Se me replicarem, acabo o charuto e vou dormir. A alma exterior pode ser um espírito, um fluido, um homem, muitos homens, um objeto, uma operação. Há casos, por exemplo, em que um simples botão de camisa é a alma exterior de uma pessoa; — e assim também a polca, o voltarete, um livro, uma máquina, um par de botas, uma cavatina, um tambor, etc. Está claro que o ofício dessa segunda alma é transmitir a vida, como a primeira; as duas completam o homem, que é, metafisicamente falando, uma laranja. Quem perde uma das metades, perde naturalmente metade da existência; e casos há, não raros, em que a perda da alma exterior implica a da existência inteira. Shylock, por exemplo. A alma exterior daquele judeu eram os seus ducados; perdê-los equivalia a morrer. "Nunca mais verei o meu ouro, diz ele a Tubal; *é um punhal que me enterras no coração.*" Vejam bem esta frase; a perda dos ducados, alma exterior, era a morte para ele. Agora, é preciso saber que a alma exterior não é sempre a mesma...

— Não?

— Não, senhor; muda de natureza e de estado. Não aludo a certas almas absorventes, como a pátria, com a qual disse o Camões que morria, e o poder, que foi a alma exterior de César e de Cromwell. São almas enérgicas e exclusivas; mas há outras, embora enérgicas, de natureza mudável. Há cavalheiros, por exemplo, cuja alma exterior, nos primeiros anos, foi um chocalho ou um cavalinho de pau, e mais tarde uma provedoria de irmandade, suponhamos. Pela minha parte, conheço uma senhora, — na verdade, gentilíssima, — que muda de alma exterior cinco, seis vezes por ano. Durante a estação lírica é a ópera; cessando a estação, a alma exterior substitui-se por outra: um concerto, um baile do Cassino, a rua do Ouvidor, Petrópolis...

— Perdão; essa senhora quem é?

— Essa senhora é parenta do diabo, e tem o mesmo nome; chama-se Legião... E assim outros mais casos. Eu mesmo tenho experimentado dessas trocas. Não as relato, porque iria longe; restrinjo-me ao episódio de que lhes falei. Um episódio dos meus vinte e cinco anos...

    Os quatro companheiros, ansiosos de ouvir o caso prometido, esqueceram a controvérsia. Santa curiosidade! tu não és só a alma da civilização, és também o pomo da concórdia, fruta divina, de outro sabor que não aquele pomo da mitologia. A sala, até há pouco ruidosa de física e metafísica, é agora um mar morto; todos os olhos estão no Jacobina, que concerta a ponta do charuto, recolhendo as memórias. Eis aqui como ele começou a narração:

    — Tinha vinte e cinco anos, era pobre, e acabava de ser nomeado alferes da Guarda Nacional. Não imaginam o acontecimento que isto foi em nossa casa. Minha mãe ficou tão orgulhosa! tão contente! Chamava-me o seu alferes. Primos e tios, foi tudo uma alegria sincera e pura. Na vila, note-se bem, houve alguns despeitados; choro e ranger de dentes, como na Escritura; e o motivo não foi outro senão que o posto tinha muitos candidatos e que esses perderam. Suponho também que uma parte do desgosto foi inteiramente gratuita: nasceu da simples distinção. Lembra-me de alguns rapazes, que se davam comigo, e passaram a olhar-me de revés, durante algum tempo. Em compensação, tive muitas pessoas que ficaram satisfeitas com a nomeação; e a prova é que todo o fardamento me foi dado por amigos... Vai então uma das minhas tias, D. Marcolina, viúva do Capitão Peçanha, que morava a muitas léguas da vila, num sítio escuso e solitário, desejou ver-me, e pediu que fosse ter com ela e levasse a farda. Fui, acompanhado de um pajem, que daí a dias tornou à vila, porque a tia Marcolina, apenas me pilhou no sítio, escreveu a minha mãe dizendo que não me soltava antes de um mês, pelo menos. E abraçava-me! Chamava-me também o seu alferes. Achava-me um rapagão bonito. Como era um tanto patusca, chegou a confessar que tinha inveja da moça que houvesse de ser minha mulher. Jurava que em toda a província não havia outro que me pusesse o pé adiante. E sempre alferes; era alferes para cá, alferes para lá, alferes a toda a hora. Eu pedia-lhe que me chamasse Joãozinho, como dantes; e ela abanava a cabeça, bradando que não, que era o "senhor alferes". Um cunhado dela, irmão do finado Peçanha, que ali morava, não me chamava de outra maneira. Era o "senhor alferes", não por gracejo, mas a sério, e à vista dos escravos, que naturalmente foram pelo mesmo caminho. Na mesa tinha eu o melhor lugar, e era o primeiro servido. Não imaginam. Se lhes disser que o entusiasmo da tia Marcolina chegou ao ponto de mandar pôr no meu quarto um grande espelho, obra rica e magnífica, que destoava do resto da casa, cuja mobília era modesta e simples... Era um espelho que lhe dera a madrinha, e que esta herdara da mãe, que o comprara a uma das fidalgas vindas em 1808 com a corte de D. João VI. Não sei o que havia nisso de verdade; era a tradição. O espelho estava naturalmente muito velho; mas via-se-lhe ainda o ouro, comido em parte pelo tempo, uns delfins esculpidos nos ângulos superiores da moldura, uns enfeites de madrepérola e outros caprichos do artista. Tudo velho, mas bom...

— Espelho grande?

— Grande. E foi, como digo, uma enorme fineza, porque o espelho estava na sala; era a melhor peça da casa. Mas não houve forças que a demovessem do propósito; respondia que não fazia falta, que era só por algumas semanas, e finalmente que o "senhor alferes" merecia muito mais. O certo é que todas essas coisas, carinhos, atenções, obséquios, fizeram em mim uma transformação, que o natural sentimento da mocidade ajudou e completou. Imaginam, creio eu?

— Não.

— O alferes eliminou o homem. Durante alguns dias as duas naturezas equilibraram-se; mas não tardou que a primitiva cedesse à outra; ficou-me uma parte mínima de humanidade. Aconteceu então que a alma exterior, que era dantes o sol, o ar, o campo, os olhos das moças, mudou de natureza, e passou a ser a cortesia e os rapapés da casa, tudo o que me falava do posto, nada do que me falava do homem. A única parte do cidadão que ficou comigo foi aquela que entendia com o exercício da patente; a outra dispersou-se no ar e no passado. Custa-lhes acreditar, não?

— Custa-me até entender, respondeu um dos ouvintes.

— Vai entender. Os fatos explicarão melhor os sentimentos; os fatos são tudo. A melhor definição do amor não vale um beijo de moça namorada; e, se bem me lembro, um filósofo antigo demonstrou o movimento andando. Vamos aos fatos. Vamos ver como, ao tempo em que a consciência do homem se obliterava, a do alferes tornava-se viva e intensa. As dores humanas, as alegrias humanas, se eram só isso, mal obtinham de mim uma compaixão apática ou um sorriso de favor. No fim de três semanas, era outro, totalmente outro. Era exclusivamente alferes. Ora, um dia recebeu a tia Marcolina uma notícia grave; uma de suas filhas, casada com um lavrador residente dali a cinco léguas, estava mal e à morte. Adeus, sobrinho! adeus, alferes! Era mãe extremosa, armou logo uma viagem, pediu ao cunhado que fosse com ela, e a mim que tomasse conta do sítio. Creio que, se não fosse a aflição, disporia o contrário; deixaria o cunhado, e iria comigo. Mas o certo é que fiquei só, com os poucos escravos da casa. Confesso-lhes que desde logo senti uma grande opressão, alguma coisa semelhante ao efeito de quatro paredes de um cárcere, subitamente levantadas em torno de mim. Era a alma exterior que se reduzia; estava agora limitada a alguns espíritos boçais. O alferes continuava a dominar em mim, embora a vida fosse menos intensa, e a consciência mais débil. Os escravos punham uma nota de humildade nas suas cortesias, que de certa maneira compensava a afeição dos parentes e a intimidade doméstica interrompida. Notei mesmo, naquela noite, que eles redobravam de respeito, de alegria, de protestos. Nhô alferes, de minuto a minuto. Nhô alferes é muito bonito; nhô alferes há de ser coronel; nhô alferes há de casar com moça bonita, filha de general; um concerto de louvores e profecias, que me deixou extático. Ah! pérfidos! mal podia eu suspeitar a intenção secreta dos malvados.

— Matá-lo?

— Antes assim fosse.

— Coisa pior?

— Ouçam-me. Na manhã seguinte achei-me só. Os velhacos, seduzidos por outros, ou de movimento próprio, tinham resolvido fugir durante a noite; e assim fizeram. Achei-me só, sem mais ninguém, entre quatro paredes, diante do terreiro deserto e da roça abandonada. Nenhum fôlego humano. Corri a casa toda, a senzala, tudo; ninguém, um molequinho que fosse. Galos e galinhas tão somente, um par de mulas, que filosofavam a vida, sacudindo as moscas, e três bois. Os mesmos cães foram levados pelos escravos. Nenhum ente humano. Parece-lhes que isto era melhor do que ter morrido? era pior. Não por medo; juro-lhes que não tinha medo; era um pouco atrevidinho, tanto que não senti nada, durante as primeiras horas. Fiquei triste por causa do dano causado à tia Marcolina; fiquei também um pouco perplexo, não sabendo se devia ir ter com ela, para lhe dar a triste notícia, ou ficar tomando conta da casa. Adotei o segundo alvitre, para não desamparar a casa, e porque, se a minha prima enferma estava mal, eu ia somente aumentar a dor da mãe, sem remédio nenhum; finalmente, esperei que o irmão do tio Peçanha voltasse naquele dia ou no outro, visto que tinha saído havia já trinta e seis horas. Mas a manhã passou sem vestígio dele; à tarde comecei a sentir a sensação como de pessoa que houvesse perdido toda a ação nervosa, e não tivesse consciência da ação muscular. O irmão do tio Peçanha não voltou nesse dia, nem no outro, nem em toda aquela semana. Minha solidão tomou proporções enormes. Nunca os dias foram mais compridos, nunca o sol abrasou a terra com uma obstinação mais cansativa. As horas batiam de século a século no velho relógio da sala, cuja pêndula *tic-tac, tic-tac*, feria-me a alma interior, como um piparote contínuo da eternidade. Quando, muitos anos depois, li uma poesia americana, creio que de Longfellow, e topei com este famoso estribilho: *Never, for ever!* — *For ever, never!* confesso-lhes que tive um calafrio: recordei-me daqueles dias medonhos. Era justamente assim que fazia o relógio da tia Marcolina: — *Never, for ever!* — *For ever, never!* Não eram golpes de pêndula, era um diálogo do abismo, um cochicho do nada. E então de noite! Não que a noite fosse mais silenciosa. O silêncio era o mesmo que de dia. Mas a noite era a sombra, era a solidão ainda mais estreita, ou mais larga. *Tic-tac, tic-tac.* Ninguém, nas salas, na varanda, nos corredores, no terreiro, ninguém em parte nenhuma... Riem-se?

— Sim, parece que tinha um pouco de medo.

— Oh! fora bom se eu pudesse ter medo! Viveria. Mas o característico daquela situação é que eu nem sequer podia ter medo, isto é, o medo vulgarmente entendido. Tinha uma sensação inexplicável. Era como um defunto andando, um sonâmbulo, um boneco mecânico. Dormindo, era outra coisa. O sono dava-me alívio, não pela razão comum de ser irmão da morte, mas por outra. Acho que posso explicar assim esse fenômeno: — o sono, eliminando a necessidade de uma alma exterior, deixava atuar a alma interior. Nos sonhos, fardava-me, orgulhosamente, no meio da família e dos amigos, que me elogiavam o garbo, que me chamavam alferes; vinha um amigo de nossa casa, e prometia-me o posto de tenente, outro o de capitão ou major; e tudo isso fazia-me viver. Mas quando acordava, dia claro, esvaía-se com o sono a consciência do meu ser novo e único — porque a alma interior perdia a ação exclusiva, e ficava dependente da outra, que teimava em não tornar... Não tornava. Eu saía fora, a um lado e outro, a ver se descobria algum sinal de regresso. *Soeur Anne, soeur Anne, ne vois-tu rien venir?* Nada, coisa nenhuma; tal qual como na lenda francesa. Nada mais do que a poeira da estrada e o capinzal dos morros. Voltava para casa, nervoso, desesperado, estirava-me no canapé da sala. *Tic-tac, tic-tac.* Levantava-me, passeava, tamborilava nos vidros das janelas, assobiava. Em certa ocasião lembrei-me de escrever alguma coisa, um artigo político, um romance, uma ode; não escolhi nada definitivamente; sentei-me e tracei no papel algumas palavras e frases soltas, para intercalar no estilo. Mas o estilo, como a tia Marcolina, deixava-se estar. *Soeur Anne, soeur Anne...* Coisa nenhuma. Quando muito via negrejar a tinta e alvejar o papel.

— Mas não comia?

— Comia mal, frutas, farinha, conservas, algumas raízes tostadas ao fogo, mas suportaria tudo alegremente, se não fora a terrível situação moral em que me achava. Recitava versos, discursos, trechos latinos, liras de Gonzaga, oitavas de Camões, décimas, uma antologia em trinta volumes. Às vezes fazia ginástica; outras dava beliscões nas pernas; mas o efeito era só uma sensação física de dor ou de cansaço, e mais nada. Tudo silêncio, um silêncio vasto, enorme, infinito, apenas sublinhado pelo eterno *tic-tac* da pêndula. *Tic-tac, tic-tac...*

— Na verdade, era de enlouquecer.

— Vão ouvir coisa pior. Convém dizer-lhes que, desde que ficara só, não olhara uma só vez para o espelho. Não era abstenção deliberada, não tinha motivo; era um impulso inconsciente, um receio de achar-me um e dois, ao mesmo tempo, naquela casa solitária; e se tal explicação é verdadeira, nada prova melhor a contradição humana, porque no fim de oito dias, deu-me na veneta de olhar para o espelho com o fim justamente de achar-me dois. Olhei e recuei. O próprio vidro parecia conjurado com o resto do universo; não me estampou a figura nítida e inteira, mas vaga, esfumada, difusa, sombra de sombra. A realidade das leis físicas não permite negar que o espelho reproduziu-me textualmente, com os mesmos contornos e feições; assim devia ter sido. Mas tal não foi a minha sensação. Então tive medo; atribuí o fenômeno à excitação nervosa em que andava; receei ficar mais tempo, e enlouquecer. — Vou-me embora, disse comigo. E levantei o braço com gesto de mau humor, e ao mesmo tempo de decisão, olhando para o vidro; o gesto lá estava, mas disperso, esgaçado, mutilado... Entrei a vestir-me, murmurando comigo, tossindo sem tosse, sacudindo a roupa com estrépito, afligindo-me a frio com os botões, para dizer alguma coisa. De quando em quando, olhava furtivamente para o espelho; a imagem era a mesma difusão de linhas, a mesma decomposição de contornos... Continuei a vestir-me. Subitamente por uma inspiração inexplicável, por um impulso sem cálculo, lembrou-me... Se forem capazes de adivinhar qual foi a minha ideia...

— Diga.

— Estava a olhar para o vidro, com uma persistência de desesperado, contemplando as próprias feições derramadas e inacabadas, uma nuvem de linhas soltas, informes, quando tive o pensamento... Não, não são capazes de adivinhar.

— Mas, diga, diga.

— Lembrou-me vestir a farda de alferes. Vesti-a, aprontei-me de todo; e, como estava defronte do espelho, levantei os olhos, e... não lhes digo nada; o vidro reproduziu então a figura integral; nenhuma linha de menos, nenhum contorno diverso; era eu mesmo, o alferes, que achava, enfim, a alma exterior. Essa alma ausente com a dona do sítio, dispersa e fugida com os escravos, ei-la recolhida no espelho. Imaginai um homem que, pouco a pouco, emerge de um letargo, abre os olhos sem ver, depois começa a ver, distingue as pessoas dos objetos, mas não conhece individualmente uns nem outros; enfim, sabe que este é Fulano, aquele é Sicrano; aqui está uma cadeira, ali um sofá. Tudo volta ao que era antes do sono. Assim foi comigo.

Olhava para o espelho, ia de um lado para outro, recuava, gesticulava, sorria e o vidro exprimia tudo. Não era mais um autômato, era um ente animado. Daí em diante, fui outro. Cada dia, a uma certa hora, vestia-me de alferes, e sentava-me diante do espelho, lendo olhando, meditando; no fim de duas, três horas, despia-me outra vez. Com este regime pude atravessar mais seis dias de solidão sem os sentir...

Quando os outros voltaram a si, o narrador tinha descido as escadas.[6]

---

[6] Publicado originalmente em *Papéis avulsos* (Rio de Janeiro, Lombaerts & Cia, 1882); ver também Machado de Assis, *Obra completa* (Rio de Janeiro, José Aguilar, 1962, vol. 2, pp. 345-52).

2.

Em torno de um poema de *A rosa do povo*

a Murilo Marcondes de Moura,
leitor de Drummond

Quando se pensa na relação entre texto e o seu contexto, o desígnio de "contextualizar" um poema ou uma narrativa parece, à primeira vista, operação relativamente fácil de empreender. Seria apenas um levantamento de época, dentro de categorias amplas de história social e história política.

A rosa do povo, obra de Carlos Drummond de Andrade, foi publicada em 1945. Ano do final da II Guerra Mundial, ano da vitória dos aliados contra o nazifascismo, com a participação do Brasil ao lado das nações ocidentais e a válida ajuda da União Soviética na sua campanha do Leste até chegar a Berlim. Só para lembrar: Stalingrado resistira heroicamente durante 199 dias de cerco pelas tropas alemãs. O Dia D, 6 de junho de 1944, assinala a entrada das tropas anglo-americanas na Normandia. Roma seria libertada em junho de 44, Paris em agosto do mesmo ano. Os soldados da Força Expedicionária Brasileira tinham partido em julho para a Itália. De todo modo, a lembrança angustiante da guerra recentemente terminada continuava pesando sobre os que haviam sofrido a incerteza do desfecho.

No Brasil, que entrara na guerra em meados de 1944, a vitória das forças aliadas provocou também mudança de regime político. Fim da ditadura, início da democratização incluindo o regime presidencialista secundado por um Congresso eleito a partir da criação de partidos no amplo espectro que ia da esquerda (comunistas em ascensão nos meios intelectuais competindo com socialistas) à direita (integralistas) passando pelo trabalhismo e pelo centro liberal. (Em relação a Drummond, sabe-se que em março de 1945 ele demitiu-se da sua função de chefe de gabinete do ministro Gustavo Capanema, cargo que ocupava desde 1934. Em Primeiro de Maio de 1945, aceitou o convite de Luís Carlos Prestes para compor a direção do jornal comunista *A Tribuna do Povo*, para o qual colaborou até 1947, quando o Partido Comunista foi cassado e caiu na ilegalidade. Em 1946 assumiu a presidência do Ateneu García Lorca, entidade ligada ao Partido Comunista. Seu distanciamento do partido deu-se em 1949 por ocasião da renhida eleição dos membros da Associação Brasileira dos Escritores.)

No plano econômico, vigência de um capitalismo subdesenvolvido, com enormes diferenças de classe, e uma estrutura agrária ainda presa ao latifúndio e aos exportadores de produtos primários coexistindo com uma industrialização crescente incentivada pelo Estado-providência. O modelo fora desenhado pelos mentores da Revolução de 30 e ativado nos anos da guerra. Nesse contexto, qualificado genericamente como "modernização conservadora", foram promulgadas ao longo dos anos 1930 e 40 as leis trabalhistas que deram sustentação popular ao governo de Getúlio Vargas.

No entanto, se nossa intenção é atar a criação do poeta Drummond em *A rosa do povo* ao macrocontexto a que se reportam os dados acima, ficaremos perplexos em face da distância entre o poema e o quadro gizado por essas informações que, embora pertinentes e estimulantes, são insuficientes como instrumentos de interpretação literária. O que nos falta então?

O que falta é relativizar a noção de contexto. O panorama, sumariamente exposto em termos históricos, não é, na sua generalidade, o objeto direto visado pelo poeta. O quadro precisa converter-se em *horizonte móvel do olhar do escritor* para assumir o seu papel de contexto cultural e existencial vivido de forma individualizada. Isso não quer dizer que o poeta abandone a busca de alguma configuração de sentido à medida que explora as múltiplas dimensões do real. Georg Simmel nos ensinou que pulsa no sujeito que pensa e cria precisamente *o desejo de compreender o todo complexo que o rodeia e penetra*, mas o que ocorre quase sempre é a assincronia entre essa perseguição de um sentido latente na vida e a pseudototalidade montada pela ideologia dominante contemporânea do escritor.

Em outras palavras, *o contexto que interessa ao intérprete de poesia é o horizonte percebido, sentido e expresso no texto poético*. Simmel não hesita em cunhar a paradoxal expressão "cultura subjetiva" para qualificar o processo de imagens e pensamentos pelo qual o poeta, enquanto pessoa diferenciada, figura e modula as suas representações do real.[1]

---

[1] Trata-se do ensaio "Cultura subjetiva", datado de 1908. Cito a edição em inglês integrada na coletânea *On Individuality and Social Forms*, organizada por Donald N. Levine (Chicago, University of Chicago Press, 1971, pp. 227-34, tradução livre do autor).

Uma das razões da força persistente que nos toma de assalto quando lemos os poemas desse livro único que é *A rosa do povo* é a sua capacidade de trazer as contradições lancinantes do seu tempo ao nível do olhar do poeta. O objeto é explorado com extrema acuidade pelo observador realista e crítico Carlos Drummond de Andrade e, ao mesmo tempo, é reconfigurado, por exemplo, no trabalho de um poema intitulado promissoramente "Visão 1944". Título que parece forçar a nota da objetividade cronológica e, no entanto, leva ao extremo a consciência sofrida dos limites da percepção subjetiva da coisa.

Visão 1944

Meus olhos são pequenos para ver
a massa de silêncio concentrada
por sobre a onda severa, piso oceânico
esperando a passagem dos soldados.

Meus olhos são pequenos para ver
luzir na sombra a foice da invasão
e os olhos no relógio, fascinados,
ou as unhas brotando em dedos frios.

Meus olhos são pequenos para ver
o general com seu capote cinza
escolhendo no mapa uma cidade
que amanhã será pó e pus no arame.

Meus olhos são pequenos para ver
a bateria de rádio prevenindo
vultos a rastejar na praia obscura
aonde chegam pedaços de navios.

Meus olhos são pequenos para ver
o transporte de caixas de comida,
de roupas, de remédios, de bandagens
para um porto da Itália onde se morre.

Meus olhos são pequenos para ver
o corpo pegajento das mulheres
que foram lindas, beijo cancelado
na produção de tanques e granadas.

Meus olhos são pequenos para ver
a distância da casa na Alemanha
a uma ponte na Rússia, onde retratos,
cartas, dedos de pé boiam em sangue.

Meus olhos são pequenos para ver
uma casa sem fogo e sem janela
sem meninos em roda, sem talher,
sem cadeira, lampião, catre, assoalho.

Meus olhos são pequenos para ver
os milhares de casas invisíveis
na planície de neve onde se erguia
uma cidade, o amor e uma canção.

Meus olhos são pequenos para ver
as fábricas tiradas do lugar,
levadas para longe, num tapete,
funcionando com fúria e com carinho.

Meus olhos são pequenos para ver
na blusa do aviador esse botão
que balança no corpo, fita o espelho
e se desfolhará no céu de outono.

Meus olhos são pequenos para ver
o deslizar do peixe sob as minas,
e sua convivência silenciosa
com os que afundam, corpos repartidos.

Meus olhos são pequenos para ver
os coqueiros rasgados e tombados
entre latas, na areia, entre formigas
incompreensíveis, feias e vorazes.

Meus olhos são pequenos para ver
a fila de judeus de roupa negra,
de barba negra, prontos a seguir
para perto do muro — e o muro é branco.

Meus olhos são pequenos para ver
essa fila de carne em qualquer parte,
de querosene, sal ou de esperança
que fugiu dos mercados deste tempo.

Meus olhos são pequenos para ver
a gente do Pará e de Quebec
sem notícias dos seus e perguntando
ao sonho, aos passarinhos, às ciganas.

Meus olhos são pequenos para ver
todos os mortos, todos os feridos,
e este sinal no queixo de uma velha
que não pôde esperar a voz dos sinos.

Meus olhos são pequenos para ver
países mutilados como troncos,
proibidos de viver, mas em que a vida
lateja subterrânea e vingadora.

Meus olhos são pequenos para ver
as mãos que se hão de erguer, os gritos roucos,
os rios desatados, e os poderes
ilimitados mais que todo exército.

Meus olhos são pequenos para ver
toda essa força aguda e martelante,
a rebentar do chão e das vidraças,
ou do ar, das ruas cheias e dos becos.

Meus olhos são pequenos para ver
tudo que uma hora tem, quando madura,
tudo que cabe em ti, na tua palma,
ó povo! que no mundo te dispersas.

Meus olhos são pequenos para ver
atrás da guerra, atrás de outras derrotas,
essa imagem calada, que se aviva,
que ganha em cor, em forma e profusão.

Meus olhos são pequenos para ver
tuas sonhadas ruas, teus objetos,
e uma ordem consentida (puro canto,
vai pastoreando sonos e trabalhos).

Meus olhos são pequenos para ver
essa mensagem franca pelos mares,
entre coisas outrora envilecidas
e agora a todos, todas ofertadas.

Meus olhos são pequenos para ver
o mundo que se esvai em sujo e sangue,
outro mundo que brota, qual nelumbo
— mas veem, pasmam, baixam deslumbrados.[2]

    Todas as estrofes — 25 quadras perfazendo uma centena de exatos decassílabos camonianos, mas não rimados, o que relativiza a sua aparente classicidade — começam com a frase "Meus olhos são pequenos para ver". E todas expõem as entranhas de um mundo que o poeta afinal *vê* com olhos diminuídos, confessadamente precários, porém determinadamente voltados para aferrar o horizon-

---

    [2] Carlos Drummond de Andrade, *Poesia 1930-62* (São Paulo, Cosac Naify, 2012, pp. 483-7).

te ora próximo, ora remoto, objeto da visão. O que ele vê é a guerra. Este é um dos mais terríveis poemas gerados ao longo de um conflito mundial sem paralelo na história.

Uma primeira leitura, de sobrevoo, pode suscitar a impressão de que se trata de uma enumeração caótica, tal a diversidade dos aspectos que se acumulam ao longo dos versos. O mundo em guerra se compõe e decompõe através de espaços díspares que, por sua vez, exibem objetos desconexos. Projeta-se a visão desse ano crítico de 1944 no lusco-fusco de uma luta sem quartel, mas já entrevendo a luz no final do túnel como horizonte próximo. Horizonte retrátil que deixa ver "a massa de silêncio concentrada/ por sobre a onda severa, piso oceânico/ esperando a passagem dos soldados" (vv. 2-4). De onde vem essa frente que cruza os mares? Dos aliados prestes a desembarcar na Normandia? Ou, talvez, mais brasileiramente, dos nossos pracinhas esperados além-mar? Outra imagem a decifrar é a metonímia das "foices da invasão", provável referência ao exército soviético, cuja sombra é perseguida com os olhos pregados no relógio, e que iria desvendar-se com a entrada do "russo em Berlim" rastreada passo a passo em outro poema. Ao mesmo olhar e no mesmo contexto surge sinistro "o general com seu capote cinza/ escolhendo no mapa uma cidade/ que amanhã será pó e pus no arame" (vv. 10-12).

De repente aos homens da guerra sucedem as coisas da guerra. Os olhos apertados precisam agora olhar de perto, presbíopes precocemente envelhecidos: o que veem são baterias de rádio, pedaços de navios, caixas de comida transportadas, roupas, remédios, bandagens... A enumeração parece obsessiva, visionária, mas na verdade é realista, afim à desordem que revira o mundo.

De todo modo, a guerra não é feita só de soldados, armas, destroços. Há gente inocente e vulnerável por todos os lados. Daí o irromper insólito do "corpo pegajento das mulheres/ que foram lindas, beijo cancelado/ na produção de tanques e granadas" (vv. 22-24). Daí, trazidas a nossos olhos espantados, imagens de casas desertas, cuja descrição faz pensar ora em nossa cultura material rústica (casas sem fogo e sem janela, sem meninos em roda, sem talher, sem cadeira, lampião, catre, assoalho), ora na paisagem europeia, contemplada em pleno inverno: "os milhares de casas invisíveis/ na planície de neve onde se erguia/ uma cidade, o amor e uma canção" (vv. 34-36).

A imaginação oscila entre ser mimética e ser criativa, à deriva da fantasia. A percepção visual é sempre aguda, o que não a impede de preludiar e preformar a intuição visionária. Uma ao lado da outra. Mas como distinguir o real e o surreal, o visual e o visionário, nessa prefiguração de um apocalipse da Era da Máquina, com fábricas inteiras arrancadas do seu lugar e lançadas longe, num tapete funcionando absurdamente com fúria e com carinho?[3]

---

[3] A visão apocalíptica da guerra não assume, nos poemas de Drummond, a conotação religiosa, bíblica e cristã, que se reconhece em *Poesia liberdade* de Murilo Mendes, obra contemporânea de *A rosa do povo*. Remeto o leitor ao percuciente estudo que Murilo Marcondes de Moura dedicou ao poema "Aproximação do terror" que integra a segunda parte de *Poesia liberdade* (1944-1945); ver *Leitura de poesia*, organização de Alfredo Bosi (São Paulo, Ática, 1978, pp. 105-23). A comparação entre os dois poemas faz pensar em horizontes próximos mas "culturas subjetivas" distintas. Drummond e Murilo Mendes — e suas respectivas visões da guerra — também são objeto de análise de Marcondes de Moura em *O mundo sitiado* (São Paulo, Editora 34, 2016).

E como distinguir o aquém e o além-mar nessa convulsão planetária, se o perfil tropical de coqueiros rasgados entre formigas vorazes precede a visão de uma fila de judeus de roupa e barba negra, prontos a seguir para perto do muro?

Não há para dizer esse mundo em guerra uma perspectiva clássica, geométrica, com figuras centrais em primeiro plano e figuras distantes, menores ou subalternas, em segundo ou terceiro plano. Lembro o que João Cabral de Melo Neto escreveu, em 1950, sobre o *dinamismo da superfície* em Joan Miró, que arrasta o espectador horizontalmente de figura em figura, com surpresas que a representação clássica evitaria na sua busca de equilíbrio em torno de um centro, fiel à distinção estrutural entre o perto e o longe, a frente e o fundo da tela.[4]

No entanto, se o poema não se subordina à dominância de um centro, parece-me que no seu meio, entre a duodécima e a décima-quarta quadra, há como que uma viragem do olhar provocada pela visão da fila dos judeus no caminho do extermínio, "para perto do muro — e o muro é branco". O que vem depois, multiplicando o número das vítimas, é o genocídio, a matança ignóbil de milhões de seres humanos, e a pergunta ansiosa sobre o seu paradeiro feita pelos que os viram partir "a gente do Pará e de Quebec"...

> Meus olhos são pequenos para ver
> países mutilados como troncos,

---

[4] João Cabral de Melo Neto, "Joan Miró", em *Obra completa* (Rio de Janeiro, Nova Aguilar, 1999, p. 692).

> proibidos de viver, mas em que a vida
> lateja subterrânea e vingadora.

O mal estava disperso pela força da catástrofe; para dizê-lo foi preciso disseminar os sinais visíveis do horror. Mas, se não foi possível, nem desejável, fixar um ponto único para a mira do leitor destas *visões de 1944*, os olhos do poeta percorrerão a linha do horizonte confessando a sua pequenez e entrevendo ao mesmo tempo que no âmago da destruição lateja outra força que só a palavra *vida* consegue designar.

E por que nesta altura seria mais exato falar em "horizonte" do que repetir o termo costumeiro, "contexto"? Porque contexto é abrangente, cerca o poeta e o texto de todos os lados, condicionando as determinações de lugar, tempo, modo. A sua verdade é ampla, são 360 graus, que valem para períodos inteiros da história, nivelando as diferenças individuais em nome das estruturas de longa duração. O horizonte, porém, sendo uma linha semicircular, limita a visibilidade do espectador. Este vê o que pode ver, como sujeito também limitado que é, mas a sua relação com o objeto se estreita e aprofunda e pode converter-se em drama na medida em que cresce a intensidade do olhar. A superfície não impede (antes, propicia) às retinas fatigadas a faculdade de ver-imaginar

> atrás da guerra, atrás de outras derrotas,
> essa imagem calada, que se aviva,
> que ganha em cor, em forma e profusão.

A *vida* — significante e significado tão caros a Drummond — não é nenhuma abstração à procura de alguma alegoria que a traduza e cristalize uma vez por todas. É força que se ocultava debaixo dos "países mutilados como troncos proibidos de viver." É imagem calada que de repente se anima por trás das derrotas e, no regime do símbolo, deixa ver uma profusão de formas e cores.

Todo o segundo movimento do poema opera um deslocamento das figuras de morte para as da resistência vital que, no discurso serial, se justapõem às primeiras sem, porém, esmaecê-las. Na superfície da escrita nada se apaga, nada desaparece. O que estava distante ou latente ganha plena voz, que a opressão emudecera, mas agora grita, rouca. As outras imagens entretêm com esta certeiras afinidades: "as mãos se hão de erguer", os rios se desatarão (estranha metáfora que remete a águas represadas), a força será "aguda e martelante", a "rebentar do chão e das vidraças/ ou do ar, das ruas cheias e dos becos". O possível, que o futuro do presente já está atualizando, se desenha na linha do horizonte que, por sua vez, decorre de um passado próximo.

A vida, essa energia difusa e poderosa, só dá-se plenamente a conhecer quando rompe com a sua antítese imanente, isto é, com as forças que visam à desagregação e à morte. A "cultura subjetiva", de que fala Simmel, e que por hipótese enforma o poema, é não só a perspectiva do poeta no sentido corrente de ponto de vista, mas também "sentimento do mundo", mediação existencial entre o objeto e o sujeito. Daí a emergência súbita das instâncias vitais com toda a sua beleza, não raro selvagem, justapondo-se ao *epos* cruento dos povos feridos pela guerra. A figuração do élan irresistível da vida nestas *visões de 1944* retoma o procedimento simbólico da flor nascida no asfalto de "A flor e a náusea" e repontaria na imagem sublime da aurora feita de leite e sangue em "Morte do leiteiro".

Do lado do sujeito há sempre o retorno do autorretrato esboçado na triste premonição do anjo torto: o que será *gauche* na vida é ainda aquele que confessou precocemente ter um coração menor do que o mundo, um coração pequeno ("Estúpido, ridículo e frágil é meu coração", resume em "Mundo grande"). A vastidão do mundo transcende, enquanto contexto maior, a percepção falível dos sentidos: corpo e alma não têm senão um segmento da linha do horizonte para mirar, além de sofrerem de uma recorrente condição de incomunicabilidade. Condição frustrante, mas nem por isso capaz de estancar as fontes do desejo: se os olhos são pequenos para ver toda a ruína que é a guerra, a vontade de redimir o que está atrás ou debaixo da violência daria ao poeta a visão dos contrastes de 1944.

As quadras mudam de tom. Lidas em voz alta, exigem maior vibração, que no poeta contido por natureza e hábito não deveria ultrapassar o limite de uma dicção ao mesmo tempo sóbria e veemente. Como não alterar o som que sai do peito e da garganta quando é preciso dar à palavra "povo" o estatuto de vocativo e o sinal de exclamação?

> Meus olhos são pequenos para ver
> tudo que uma hora tem, quando madura,
> tudo que cabe em ti, na tua palma,
> ó povo! que no mundo te dispersas.

A hora está madura, expressão eminentemente dialética, pois revela no dinamismo da vida popular a qualidade inerente ao seu tempo, *tudo que uma hora tem*, que dura e perdura no meio da mais cega adversidade. Observe-se o afloramento do som e da palavra, *puro canto*, *mensagem franca*, nas quadras seguintes:

> Meus olhos são pequenos para ver
> tuas sonhadas ruas, teus objetos,
> e uma ordem consentida (*puro canto*,
> vai pastoreando sonos e trabalhos).
>
> Meus olhos são pequenos para ver
> essa *mensagem franca* pelos mares,
> entre coisas outrora envilecidas
> e agora a todos, todas ofertadas.

Agora há uma ordem consentida entre sonhos e vigílias, e há coisas a todos prodigalizadas, como se uma universal comunidade de bens viesse substituir a opressão e a indigência.

Uma inflexão melódica, em termos de altura da sílaba tônica, dá à última quadra um tônus expressivo diferenciado:

> Meus olhos são pequenos para ver
> o mundo que se esvai em sujo e sangue,
> outro mundo que brota, qual nelumbo
> — mas veem, pasmam, baixam deslumbrados.

Lendo os dois primeiros versos em voz alta, podemos dar-lhes uma altura mediana própria da linguagem de constatação: de fato, o mundo se esvai em sujo sangue. Mas o terceiro verso, "outro mundo que brota, qual nelumbo", consente leve movimento de ênfase que se traduz pela elevação da voz na cláusula inicial (*outro mundo que brota*), retornando, na expressão explicativa *qual nelumbo*, à dicção plana dos dois versos iniciais.

A melodia do último verso ascende e descende em segmentos regulares. Sobe com nova ênfase em *mas veem, pasmam*, e desce lenta e brandamente no final, a partir da tônica na sexta sílaba: <u>bai</u>xam *deslumbrados*.

Se o leitor do poema atentar para a camada léxica dessa quadra final, não deixará de ser atraído pela estranheza do vocábulo raro, *nelumbo*. A palavra nos afeta como imagem e como sonoridade; nenhuma, porém, aleatória.

Imagem: nelumbo é variante da flor de lótus. Cerra as pétalas e as abre alternadamente: primeiro, o mundo já dado e conhecido; depois, o outro mundo que brota. Um ao lado do outro, antes e depois, como se contemplam na superfície demarcada pelas linhas do horizonte.

Sonoridade: *nelumbo* é afim, como rima interna toante, a *mundo*, que os olhos pequenos do poeta veem, pasmam e baixam *deslumbrados*; este adjetivo participial, por sua vez, traz no bojo os mesmos fonemas (*um — b*) que integram o centro do nome da flor.

Dentro e fora

Se se entende a expressão de Simmel, "cultura subjetiva", como encontro de perspectiva e sentimento do mundo, peculiar a indivíduos altamente diferenciados (artistas, poetas, místicos), pode-se considerar esta visão de 1944 como um momento de tensa fusão de sujeito e objeto no contexto de *A rosa do povo*. A obra foi consensualmente valorizada como ponto alto de uma poética empenhada de Drummond movido pelo horror à guerra e pela esperança na fundação de uma nova ordem mundial de justiça e liberdade a partir da derrota das forças nazifascistas. Poemas belos e veementes deram o tom dessa atitude de poeta público: "Nosso tempo", "Carta a Stalingrado", "Telegrama de Moscou", "Mas viveremos", "Com o russo em Berlim", "Carta ao homem do povo Charlie Chaplin".

A expectativa de uma "ordem consentida", a ser realizada em futuro próximo, alcança no livro um grau de intensidade que, porém, não deveria ser atribuído com exclusividade a este momento do Drummond do imediato pós-guerra. Parece-me unilateral forçar a hipótese de uma divisão de sua obra em uma fase de empenho público e uma fase de retração existencial permeada de ceticismo com acentos de pessimismo metafísico, que se abriria com *Claro enigma* e continuaria em poemas dos anos 1950. Arriscaria dizer que essa hipótese é uma meia verdade. Os sentimentos de esperança e desesperança, de vontade e acídia engendram-se na complexa fenomenologia das relações entre sujeito e objeto. Segundo as reflexões de Simmel, a "tragédia da cultura" consiste precisamente no fato de que o todo articulado pelo sistema cultural instituído precisa necessariamente passar pelos indivíduos. Estes, por sua vez, podem interiorizar formas e valores da cultura vigente, reproduzindo-a e reforçando-a, ou opor movimentos de estranheza — quando não de aberto conflito — em face do vasto mundo na medida em que vivem ardentemente a busca de conformar como uma *Gestalt* o seu fluxo subjetivo. Artistas, poetas, místicos, enquanto indivíduos diferenciados, oscilam entre o compasso com o andamento do mundo e as ondas do desejo e da imaginação que se movem no seu íntimo. Mas o que torna indissolúvel a relação entre sujeito e objeto é a exigência — inerente à cultura subjetiva — de só conquistar uma forma pregnante quando a alma se defronta com a realidade exterior e empreende a tarefa árdua de conhecê-la e penetrá-la.[5]

---

[5] Simmel formula nestes termos a dialética de sujeito e objeto no tecido da cultura: "Em um sentido mais preciso, os dois usos do conceito de cultura não são, de nenhuma maneira, análogos, pois a cultura subjetiva é a meta mais elevada. A sua medida é a extensão em que o processo psíquico da vida faz uso dos seus bens e realizações. Obviamente não pode haver cultura subjetiva sem cultura objetiva, porque o desenvolvimento ou a condição do sujeito é cultura somente mediante a sua incorporação de objetos cultivados com que ele se depara. Em contraposição, a cultura objetiva pode ser parcialmente independente da cultura subjetiva, na medida em que os objetos 'cultivados' foram criados sem que a sua disponibilidade para propósitos culturais tenha sido plenamente utilizada pelos sujeitos. Particularmente em períodos de complexidade social e de uma extensa divisão de trabalho, as realizações da cultura vêm a constituir um domínio autônomo, por assim dizer. As coisas se tornam mais aperfeiçoadas, mais intelectualizadas, e em certo grau mais controladas por uma lógica interna e objetiva ligada à sua instrumentalidade; mas o supremo cultivo, o dos sujeitos, não cresce proporcionalmente. De fato, em vista do enorme crescimento da cultura objetiva, na qual o mundo das coisas é fragmentado por trabalhadores sem conta, a cultura subjetiva não *podia* crescer. Assim, para dizer o mínimo, o desenvolvimento histórico moveu-se na direção de uma firme e crescente separação entre a produção cultural objetiva e o nível cultural dos indivíduos. A dissonância da vida moderna — particularmente a que se manifesta no aperfeiçoamento da técnica em todas as áreas e a simultânea e profunda insatisfação com o progresso técnico — é causada, em boa parte, pelo fato de que as coisas estão se tornando cada vez mais cultivadas, ao passo que os homens estão menos capazes de extrair da perfeição dos objetos a perfeição da vida subjetiva". Georg

Há no Drummond de *A rosa do povo* um desejo intenso de compreender o sentido do mundo em guerra à luz do "melhor de mim mesmo", como diz em "Com o russo em Berlim". É o anseio de uma paz conquistada contra o horror nazista que o move a acompanhar de perto a caminhada do exército soviético em direção à capital do Terceiro Reich.

"Em mim o que é melhor está lutando." E do lado do objeto visado: "Essa cidade oculta em mil cidades,/ trabalhadores do mundo, reuni-vos/ para esmagá-la, vós que penetrais/ com o russo em Berlim". O que está fora é universalizado, cidade em mil cidades, para melhor refluir até o centro vivo do eu que luta.

Essa expansão viril da vontade não suprime, entretanto, a hora da sensação recorrente de impotência, a melancolia das frustrações do homem "preso à minha classe e a algumas roupas", aquele que conheceu o tédio até a borra, "Devo seguir até o enjoo?/ Posso, sem armas, revoltar-me?" ("A flor e a náusea").

Mais promissor do que dividir uma obra em fases, de acordo com as disposições subjetivas do poeta, é reconhecer que o sentimento do mundo oscilaria antes e depois do livro de 1945. Basta voltar poucos anos atrás e ler, no poema que traz precisamente o título de "Sentimento do mundo", a confissão patética:

> Os camaradas não disseram
> que havia uma guerra

Simmel, *On Individuality and Social Forms* (*op. cit.*, p. 234, tradução livre do autor).

e era necessário
trazer fogo e alimento.

Sinto-me disperso,
anterior a fronteiras,
humildemente vos peço
que me perdoeis.

E, por exemplo, do que é feito o poema dedicado a Portinari, "A noite dissolve os homens", senão de um encontro da noite (que parecia cair, absoluta, sobre a humanidade) com a aurora, tingida com as cores da antemanhã, pois "havemos de amanhecer"? Imagem que prenuncia a fusão de leite e sangue que daria o fecho à "Morte do leiteiro", em *Claro enigma*.

Ainda estava tateando, no livro de 1940, o projeto de dar forma interna ao desejo difuso de irmanar-se com o outro, o socialmente outro, no caso, a figura viva de "O operário no mar". A guerra, apenas começada, ao longo do conflito criará no intelectual inconformado com a injustiça das classes a convicção de que a resistência de Stalingrado assim como a ocupação de Berlim, anos depois, significariam afinal a redenção do trabalhador em escala mundial. Nessa ordem de percepções, *A rosa do povo* seria o momento maduro de uma certeza crescente. As dúvidas se dissipariam ainda por algum tempo se o pós-guerra não desfizesse brutalmente aquelas certezas.

Do lado dos aliados ocidentais, ou, mais precisamente, do império norte-americano, veio, apenas três meses depois da vitória, a explosão da primeira bomba atômica que matou e feriu dezenas de milhares de civis inocentes em Hiroshima e Nagasaki: crime inexpiável e impune. Do outro lado cresceu a desilusão ideológica causada pela rigidez autoritária dos partidos comunistas fiéis ao estalinismo. E a Guerra Fria penetrava com sua cunha afiada esses anos de expansão do capitalismo. O macartismo perseguia intelectuais e artistas suspeitos de antiamericanismo: o homem do povo Charlie Chaplin cairia nas suas malhas. Bertolt Brecht, que fugira da Alemanha no dia seguinte ao do incêndio do Reichstag (27 de fevereiro de 1933), também seria alvo do tribunal que investigava "atividades antinorteamericanas".

Em face de horizonte tão sombrio, para onde nortear "o melhor de mim"? *A resposta tem de ser flexível: o desejo abafado e a busca pelo sentido penderão ora para a desesperança, ora para as difíceis esperanças.* Em Claro enigma, o poema por tantos títulos admirável, "A máquina do mundo", leva ao limite extremo a assincronia entre o eu fechado em si mesmo e o mundo da natureza e da história que se oferta ao caminhante pelas estradas pedregosas de Minas.

A simetria dos opostos é visível na esfera do imaginário quando se comparam os versos finais desse poema aos de "Visão 1944". No texto de *A rosa do povo* o despertar das forças vitais nos últimos lances da guerra leva os olhos do poeta a baixarem deslumbrados; mas na contemplação da máquina do mundo oferecida ao caminhante o mover descendente do olhar é arredio, "incurioso e lasso", não se harmonizando com aquele suave descante da voz do sujeito encantado com o seu objeto.

A simetria dos opostos ocorre também no tratamento da figura. O novo e estranho ser que irrompe no discurso do narrador se diz despido da "esperança mais mínima" e de todo anelo de conhecer os mistérios do universo, comparando-se às flores que entreabrem e cerram as pétalas apenas tocadas. Nas visões da guerra, ao contrário, a flor nomeada, o nelumbo, lótus que também se abre e fecha, é imagem do mundo que brota, renascente.

A coexistência de dois narradores no último movimento de "A máquina do mundo" dá o que pensar. O narrador-guia (chamemos assim a voz que enuncia o discurso central do sujeito) atribui a recusa do caminhante a um "outro ser, não mais aquele/ habitante de mim há tantos anos" e que passara "a comandar minha vontade". Este outro ser, terceira e primeira pessoa, não-eu e eu, leva o narrador-guia, já assemelhado àquelas flores reticentes, ao gesto final de desdém pela coisa oferta. Duas vozes, uma alheia e a outra própria, parecem juntar-se no mesmo acorde em face da alteridade do mundo.

No entanto, essa concordância de acento negativo não é o ponto final, o silêncio definitivo. O caminhante ainda nos adverte de que, enquanto a máquina se recompunha lentamente, ele, "avaliando o que perdera,/ seguia vagaroso, de mãos pensas". A recusa não impede um último lampejo de clarividência em relação à perda assumida. Lampejo tardio certamente, mas na escrita serial nada se perde.

Simmel insiste, ao falar de cultura subjetiva, no desejo incoercível de atingir e perfazer uma imagem interna de totalidade, aspiração que o sujeito experimenta em face do fluxo de suas percepções e sentimentos. O eu quer tocar o limiar da perfeição, quer ver consumadas as suas intuições cada vez mais desproporcionadas, no mundo moderno, com as miríades de objetos culturais que se avolumam com o tempo e o solicitam de todas as partes. O caminhante do poema também quis, durante anos e anos, abrir-se ao conhecimento do universo, comungar com a sua infinitude, mas em vão: o vasto mundo o transcendia de todos os lados a ponto de desenganá-lo e transformar em acídia as suas mais mínimas esperanças. Esta, a raiz do ceticismo com acentos metafísicos de pessimismo que marcou os diferentes leitores de *Claro enigma,* em geral atraídos pelas decepções ideológicas do pós-guerra realmente sofridas pelo poeta público Carlos Drummond de Andrade.

Mas nem as esperanças nem as desesperanças são barreiras intransponíveis na história móvel e surpreendente dos processos subjetivos. Os desencontros na esfera da inteligência e da vontade, matéria-prima de "A máquina do mundo", serão de algum modo compensados no poema que segue, outra obra-prima, "Relógio do Rosário". Texto que mereceria aturada análise e interpretação, mas que lembro apenas para chamar a atenção para o profundo desejo de comunhão do sujeito com todos os seres, que se realiza pela experiência da dor individual e universal:

> Era tão claro o dia, mas a treva,
> do som baixando, em seu baixar me leva
>
> pelo âmago de tudo, e no mais fundo
> decifro o choro pânico do mundo,
>
> que se entrelaça no meu próprio choro,
> e compomos os dois um vasto coro.

Em outras palavras: "a dor da cousa/ indistinta e universa", expressão que parece tocar os limites extremos do horizonte, isto é, a mais opaca alteridade, é também o lugar "onde repousa// tão habitual e rica de pungência/ como um fruto maduro, uma vivência [...]". Choro pânico do mundo, entrelaçado no meu próprio choro: *vasto coro*.

Assim, no interior do mesmo livro, como selo aposto ao fecho de *A rosa do povo*, encontramos, uma ao lado da outra, a história do distanciamento e a lírica da comunhão.

Mutação e permanência

A leitura de uma obra de fôlego escrita ao longo de seis décadas de poesia pode induzir o seu intérprete à tentação de distribuí-la didaticamente em momentos ou fases de acordo com motivos e temas dominantes. O modernista *sui generis* dos anos juvenis cede ao poeta social que, por sua vez, converte-se em lírico reflexivo de cadências melancólicas para, enfim, dar voz ao minerador da memória da infância ao lado do cronista entre irônico e nostálgico que persegue sem trégua o sentido ou o *nonsense* do cotidiano.

No entanto, é preciso tomar cuidado para não atribuir demasiado rigor a essas demarcações que se arriscam a subestimar a complexidade de cada livro. Por vezes em uma só obra, seja *A rosa do povo*, seja *Claro enigma*, seja *Lição de coisas* (penso nos pontos altos da trajetória de Drummond), surpreende-nos a coexistência do sim e do não, ou do talvez, do sempre e do nunca, da entrega e da recusa, da noite e da aurora. E não só: também em um único poema o desejo à procura da forma pregnante, às vezes tradicional, quase sempre livre, desnorteia quem pretende enclausurar o texto em uma determinada categoria temática ou tonal. A difícil união do sujeito — jamais apaziguado — com objetos vários, aparentemente aleatórios, sustenta um clima de recorrente interrogação e dúvida que é o traço forte da linguagem drummondiana. Assim, ao ler um dos mais belos poemas de *A rosa do povo*, ocorreu-me a hipótese de que um poema pode encerrar em si mesmo diversas potencialidades de uma alma em perene inquirição de algum sentido em algum ponto da linha do horizonte.

3.

Relendo Carpeaux

Tenho consciência de quanto é difícil falar do legado que representa a obra de Otto Maria Carpeaux. Se lembrarmos que o seu primeiro livro brasileiro, *A cinza do purgatório*, saiu em 1942, e que ele faleceu em 1978, em plena forma intelectual, sentiremos desde o início o embaraço da escolha. Mas escolher é preciso.

Para tanto, deixo de lado, por desconhecimento dos textos, os escritos publicados nos seus anos de juventude, em Viena, começando pelo doutorado em Ciências Naturais, defendido em 1925, que versava sobre a hipouricemia, enfermidade que, salvo engano, tem a ver com a deficiência de ácido úrico no sangue (consta do título da tese: *Über die Hypohirnsäure*). Dos anos 1930 sabemos de sua atividade como jornalista na imprensa austríaca e da sua afinidade com o Partido Social Cristão, definido sempre como conservador e próximo do chanceler Dolfuss. Esse político nacionalista foi assassinado em 1934, tendo sido contrário ao avanço nazista que, quatro anos depois, procederia à anexação da Áustria pela Alemanha.

De pai judeu e mãe católica, Otto Karpfen, seu verdadeiro nome, converteu-se ao catolicismo em 1932. O que escreveu nos anos seguintes fazia apologia da nação austríaca que teria herdado uma vocação europeia dotada de tradições convergentes, a germânica, a latina (italiana, espanhola e francesa) e a eslava. A ligação com o barroco internacional e o classicismo musical teria cimentado essa cultura centro-europeia. Uma obra publicada em 1935 fala mesmo da "missão europeia da Áustria".

Lembro esses dados por dever historiográfico, mas sei, por testemunho de amigos de Carpeaux, que a sua fuga da Áustria poucos dias depois da Anexação (que se deu em 11 de março de 1938) e a chegada ao Brasil no ano seguinte cavaram um divisor de águas na sua trajetória ideológica. Ele nunca se referiu ao que escrevera antes da partida, e, instado a manifestar-se, resumiu drasticamente a sua resposta: fora "um tempo superado". Não por acaso, passou a assinar-se Otto Maria Carpeaux, abandonando o sobrenome Karpfen. De fato, como teria sido possível ao exilado acalentar sonhos de missão europeia em termos nacionais e conservadores quando o que via era a explosão da barbárie mais crua que assolava o continente e ameaçava o destino da chamada civilização ocidental em escala nunca antes atingida? O que era a sua Áustria anexada se não um atalho para ocupar a Checoslováquia, a Polônia, os países balcânicos...? Espero que um dia me seja dado ler o último texto que Carpeaux redigiu antes de sair da Europa, "Dos Habsburgos a Hitler", publicado em holandês quando de sua passagem por Antuérpia.

Os primeiros anos no Brasil: a reflexão sobre a História

Chegando ao Brasil graças a um esquema de apoio concertado entre o Vaticano e Alceu Amoroso Lima, Carpeaux encontrou a solidariedade de intelectuais de prestígio que viviam então no Rio de Janeiro. Entre eles, foi o crítico literário Álvaro Lins quem primeiro lhe estendeu a mão, apresentando-o a amigos influentes como Aurélio Buarque de Holanda, José Lins do Rego, Augusto Frederico Schmidt, Manuel Bandeira e Santiago Dantas.

Vale a pena ler o depoimento que Álvaro Lins escreveu sobre esse primeiro momento de integração do exilado no jornalismo brasileiro. Foi transcrito na coletânea *O relógio e o quadrante*, data de abril de 1941 e se intitula "Apresentação de um europeu em exílio". Carpeaux enviara ao crítico algumas cartas redigidas em francês narrando a sua experiência europeia e exprimindo as suas esperanças brasileiras. Álvaro Lins fez gestões para que o exilado pudesse colaborar regularmente no *Correio da Manhã* sob o pseudônimo, finalmente adotado, de Otto Maria Carpeaux. No ensaio há observações reveladoras sobre a pessoa e os valores daquele intelectual estrangeiro que ele tanto admirava. O crítico apontava as convergências e as divergências ideológicas de Carpeaux em relação a Dolfuss: convergências enquanto ambos eram cidadãos austríacos opostos à política de Hitler; divergências na medida em que o chanceler se valia da religião como instrumento de seu governo autoritário, afastando-se das propostas do chamado cristianismo social que se inclinava por uma terceira via entre capitalismo e socialismo.

Álvaro Lins realçava o caráter dramático do estilo de Carpeaux, uma linguagem áspera e enérgica que trazia ao primeiro plano da escrita os antagonismos vividos no interior de uma cultura, de um escritor ou de uma obra. A sensibilidade às tensões latentes nos textos seria uma constante nos trabalhos de interpretação do historiador e ensaísta ao longo de toda a sua carreira. Mas não se trata apenas de uma disposição subjetiva do autor. Naqueles escritos, que comporiam seus primeiros livros brasileiros, *A cinza do purgatório* e *Origens e fins*,[1] o tema recorrente é a busca de um sentido para a história da Europa. São ensaios motivados pela catástrofe da guerra mundial refletida por uma inteligência que se formara na convicção idealista de que o Espírito (grafado com maiúscula) guiaria a Humanidade na luta pela consecução dos seus mais altos valores. Mas essa luz parecia ter-se apagado sob a pressão da força bruta. Hegel e o historicismo dialético, que animara um pensador liberal como Benedetto Croce, mestre de Carpeaux, pareciam desmentidos pela *realtà effettuale della cosa* concebida por Maquiavel e Hobbes.

Quem teria dito a palavra certa, a profecia sem ilusões, fora um grande historiador dos meados do século XIX, Burckhardt, cujo pensamento é objeto dos ensaios de abertura e de fecho de *A cinza do purgatório*, "Jacob Burckhardt: profeta da nossa época" e "Jacob Burckhardt e o futuro da inteligência". Todas as obras que estudamos, dizia Croce, são, de algum modo, contemporâneas da nossa época. Caso contrário, seria impossível compreendê-las. Burckhardt ministrava, em sua cátedra na Universidade de Basileia, cursos sobre a Grécia antiga, o Império Romano e o Renascimento italiano, reconhecendo não só a potência criadora desses períodos fecundos, como os germes de desagregação que os levaram, desde dentro, a cair

---

[1] Os dois livros, *A cinza do purgatório* (1942) e *Origens e fins* (1943), bem como outros aqui tratados, constam dos *Ensaios reunidos (1942-1978)* de Otto Maria Carpeaux, publicados pela editora Topbooks (Rio de Janeiro, 1999), edição que servirá de base para as nossas citações.

de exaustão e, de fora, a sucumbir sob a violência de forças ditas "bárbaras". Vico também acreditava em ciclos históricos pelos quais o auge de uma civilização precede a sua erosão interna, que ele nomeia paradoxalmente "barbárie da reflexão". Falando de Burckhardt, Carpeaux dizia: "Para nós, no momento que atravessamos [era o período mais negro da hegemonia nazista], tornou-se o conselheiro íntimo da nossa angústia. Amanhã será um profeta, o último dos profetas talvez, já que o tempo não terá mais futuro". Certamente a História continuaria, Carpeaux não é apocalíptico, mas não seria mais a mesma história concebida pelo progressismo linear de tantos intelectuais formados no clima evolucionista do século XIX. E o que profetizava o historiador daquelas civilizações desaparecidas? A hegemonia dos complexos industriais-militares que pesaria sobre a humanidade ao longo do século XX.

"Um pressentimento, hoje considerado louco, diz-me: O Estado militar será um grande industrial; as massas, nas cidades e nas usinas, não serão mais deixadas na miséria nem livres nos seus desejos; um certo grau de miséria, fixado e controlado pela autoridade, iniciado e encerrado cada dia com o rufar dos tambores: é o que deverá advir de acordo com a lógica." (Carta de 26 de abril de 1872)[2]

---

[2] Burckhardt *apud* Otto Maria Carpeaux, "Jacob Burckhardt: profeta da nossa época", em *Ensaios reunidos (1942-1978)*, vol. I, Rio de Janeiro, Topbooks, 1999, p. 83.

Pensaria ele na Prússia de Bismarck? E como não pensar hoje na massa proletária da Alemanha nazista, da União Soviética estalinista, do Japão quando entrou na competição industrial, dos Tigres Asiáticos e da China emergente entre as potências econômicas do planeta? E o que se poderia esperar da política internacional e seus tratados de solidariedade e paz? "Os povos transformaram-se em um velho muro, onde não se pode mais fixar um prego, pois não fica seguro. É esta razão por que, no agradável século XX, a Autoridade reerguerá sua cabeça, e será uma cabeça terrível."[3]

Carpeaux mostra-se sensível à palavra dos profetas, não só os bíblicos, mas também os pensadores pessimistas dos séculos XIX e XX. No ensaio "Defesa dos profetas", lê-se esta frase significativa: "É a nossa angústia que produz os profetas".[4] E o fecho de *A cinza do purgatório* ilumina a razão estoica do historiador profeta:

> "O que Burckhardt exige, de si mesmo e de nós outros, não é senão isto: no meio da crise que está sacudindo tudo, guardar o ponto firme do espírito livre e da continuidade histórica para, no turbilhão de uma época ilusionista, estar consigo mesmo, sem ilusões e consciente."[5]

A angústia fala pela voz dos profetas, mas também pela voz dos narradores. "Franz Kafka e o mundo invisí-

---

[3] *Ibidem.*
[4] Carpeaux, *Ensaios reunidos*, vol. I, p. 109.
[5] *Idem*, p. 265.

vel" terá sido, senão o primeiro, um dos primeiros textos de interpretação de Kafka entre nós. A ideia de uma "pseudomorfose" (um dos achados críticos caros a Carpeaux) reponta aqui de modo inequívoco. A linguagem de Kafka parece transparente, nítida representação do real; no entanto, remete a um universo ainda mais real do que a superfície lisa das palavras poderia dizer:

> "A linguagem [diz Carpeaux] é muito límpida, carregada de estranhas metáforas. Kafka descreve a vida cotidiana dos escritórios, dos cafés, das casas de família; mas esses lugares banais são cheios de potenciais demoníacos, contra os quais o homem luta desesperadamente. Esse misto de clareza e mistério revela a fragilidade do nosso mundo, espreitado pela catástrofe."[6]

A frase latina diz lapidarmente essa relação do conhecido com o desconhecido, *per realia ad realiora*, pelas coisas reais chega-se às mais reais. É atravessando as coisas reais (*realia*) e tangíveis que podemos entrever as realidades maiores (*realiora*) que regem, às vezes enigmaticamente, o cotidiano, o real miúdo do aqui e agora. Mas o que são essas *realiora* que ora se escondem, ora se deixam entrever na banalidade do dia a dia? Dirá o imanentista que são as forças vitais ou, sociologicamente, que são as estruturas da sociedade. Dirá o psicanalista freudiano que são as forças do inconsciente. Dirá o homem religioso que são a transcendência, a vontade divina, ao mesmo tempo ubí-

---

[6] *Idem*, p. 154.

qua e incognoscível. Não importa. Será sempre algo que foge ao alcance imediato do ser humano, o pobre K. ignorante do seu destino.

Mas os profetas ousam prever o futuro lendo sinais emitidos no presente. O que virá estaria em germe no que acontece aqui e agora. Carpeaux, enquanto historiador, escavou um momento recente do passado ao traçar o quadro das tendências da primeira metade do século XX. Refiro-me ao "Retrato de meio século", escrito em comemoração do cinquentenário do *Correio da Manhã* e publicado em 16 de junho de 1952. Pode-se ler em *Retratos e leituras* (1953). É um balanço cujo teor lembra os acentos críticos e em geral amargos de *Minima moralia* de Adorno e da *Dialética do Iluminismo* de Adorno e Horkheimer, obras compostas ao longo da década de 1940. O que estava em pauta era o exame da nova cultura de massas que se generalizou no segundo pós-guerra. Noto, de passagem, uma diferença de ênfase. Os pensadores da Teoria Crítica centravam suas baterias na padronização dos modos de vida e pensamento que o capitalismo estaria produzindo em escala planetária; o alvo é a indústria cultural. Carpeaux, admitindo embora a intensa difusão do *American way of life*, detém-se na desagregação dos estilos tradicionais substituídos por modas efêmeras ditadas pela necessidade de variar as aparências em função do consumo.[7]

---

[7] Adorno e Horkheimer afirmam: "Ela [a indústria cultural] consiste na repetição. Que as suas inovações típicas consistam sempre e somente nos melhoramentos da reprodução de massa, não é absolutamente extrínseco ao sistema. Com razão, o interesse dos inúmeros consumidores vai todo para a técnica, e não para os conteúdos rigidamente repetidos, intimamente esvaziados e já meio abandonados"; ver *Dialettica dell'Illuminismo* (Turim, Einaudi, 1966, p. 147,

"Que aconteceu? Todos nós sabemos. Já é mais difícil compreender o sentido do que aconteceu."[8] Na busca desse sentido, Carpeaux acredita que seria possível recorrermos a alguns grandes poetas do século. Mas, de um modo ou de outro, quase todos aspiravam à criação de um mundo de valores que estaria acima ou fora do ramerrão rasteiro do seu tempo. Desejavam criar uma linguagem cifrada, de alcance metafísico, cujo sentido seria uma verdade capaz de pairar sobre todas as pseudoverdades do século: Yeats, Rilke, Blok, Antonio Machado, Valéry, Stefan George... Poderíamos acrescentar os nomes de T. S. Eliot, Eugenio Montale e Jorge Guillén, "poeta das essências", bem como dos surrealistas avessos à mesmice burguesa, ou dos nossos Jorge de Lima, Murilo Mendes, Cecília Meireles... Não seria o caso de ignorá-los, pois são expressões altas e puras de resistência espiritual, mas era preciso descer ao chão histórico de todo dia e percorrer os seus áridos caminhos. Ao fazê-lo, o intérprete do passado recente encontra a Técnica, "o fato mais poderoso de 1950". E, em lance ao mesmo tempo analítico e profético, empresta-lhe dois adjetivos contraditórios: a técnica é construtiva e destrutiva. Nós, leitores postados no observatório do Terceiro Milênio, temos condições de avaliar o acerto desse balanço enquanto projeção de um futuro que já conhecemos, pois é o presente que estamos vivendo. Os seus desdobramentos são o nosso cotidiano.

tradução livre do autor). Carpeaux, por sua vez, acentuava a substituição rápida dos conteúdos na indústria cultural, ao passo que Adorno e Horkheimer insistem no caráter sistêmico (no caso, capitalista) da reprodução por meio da técnica.

[8] Carpeaux, *Ensaios reunidos*, vol. I, p. 534.

Que sabemos ao certo do universo se a nova astronomia nos fala de estrelas mortas cuja luz, no entanto, ainda brilha no céu noturno? A ciência dos especialistas, físicos e químicos, prodigiosamente renovada a cada década, nos é quase desconhecida. Nossa ignorância sobre a matéria de que é feita a natureza de que somos parte não cessa de crescer. O cérebro é ainda uma incógnita no meio de experiências e teorias divergentes. Manejamos instrumentos de última geração e extraordinária precisão sem conhecer nada do seu funcionamento e nada das ciências que os produziram. A barbárie ronda a nossa civilização. As armas de fogo saem prontas do computador das crianças. O uso dos instrumentos, a paixão pelos novos meios e a ânsia de desfrutar dos recursos técnicos mais rápidos convertem os meios em fins em si mesmos. No limite, não há outros fins além da posse dos meios. E já não se faz a pergunta pelos fins, pergunta considerada impertinente ou obsoleta. O puerilismo está em toda parte e vamos perdendo a consciência crítica do que vemos e ouvimos na *mídia* da qual somos cativos.

São observações que se tornaram correntes nestes sessenta anos que nos separam do balanço de Carpeaux. Descrevendo o miolo do século XX, o historiador desenhava a contragosto o perfil do futuro próximo. "Por que a senhora não tem vontade de conhecer o futuro?" — perguntava o moralista Chamfort a Madame de Rochefort. "Porque ele se assemelha demais ao passado."

Poderíamos subscrever a maior parte das reflexões feitas no ensaio. Mas nesse exercício involuntário de profecia, o que Carpeaux não poderia prever (apenas entrevê ao mencionar o relativismo moderno dos valores e das teorias) é o atual elogio incondicional do fragmentário, da instabilidade pela instabilidade, do efêmero pelo efêmero, do ruído pelo ruído, da velocidade pela velocidade, da transgressão pela transgressão, do desvio pelo desvio, da desordem pela desordem, do caos pelo caos. Trata-se de um modo de pensar que se aparenta com a recusa de ajuizar os fins de nossos atos e renuncia a enfrentar a questão crucial dos valores, atitude que resulta da fusão de tecnicismo e futilidade dispersiva. A impotência de entender o processo na sua complexidade é não só reconhecida (o que seria ato de louvável modéstia intelectual), mas preconizada com o respectivo horror ao ideal de unidade. "Em vez do estilo, temos modas"[9] — e aqui o nosso autor dos anos 1950 prenuncia, sem ainda poder nomeá-lo, um traço corrente da pós-modernidade. E Carpeaux não esquece a palavra implacável de Leopardi, "Moda, irmã da morte".

História e crítica literária: balizas

A atenção reiterada de Carpeaux ao problema do sentido da História e às relações dialéticas entre passado e futuro não esgota, evidentemente, a riqueza extraordinária da sua obra.

Carpeaux foi, sobretudo, um historiador da literatura e da música, um intérprete das ideias e da cultura. A *História da literatura ocidental* e a coleção, aliás incompleta, dos seus artigos hoje reunidos em dois volumes (que totalizam quase duas mil páginas) resistem a qualquer tentativa de síntese e até mesmo de comentário abrangente.

[9] *Idem*, p. 536.

Não parece justo, porém, passar batido por alguns caminhos dessa enorme seara. Escolhi quatro eixos temáticos.

Primeiro, a questão do método crítico. A *História da literatura ocidental* abre-se com um inventário dos principais métodos da crítica e da historiografia literária. É uma recapitulação ponderada que sabe colher o principal de cada abordagem. Interessa-me aqui a conclusão: *Carpeaux declara ter adotado um princípio socioestilístico*. Na esteira dos culturalistas, que vai de Dilthey a Auerbach, de Huizinga a Spitzer, ele reconhece ao mesmo tempo a força modeladora dos estilos de época (neles incluindo a dinâmica das classes sociais) e a relevância das escolhas individuais, quer na composição, quer nos procedimentos expressivos. História, sociologia, psicanálise, estilística, nada lhe é estranho se favorece a compreensão da obra. Mas, na esteira de Croce, postula que, em última instância, toda grande obra literária ou musical é um evento *sui generis*, a rigor imprevisível. Querer defini-la e enquadrá-la dentro de um conceito fechado é tentar a quadratura do círculo.

Teríamos aqui uma derivação heterodoxa do historicismo que regeu por tantos anos a crítica universitária europeia? Seria dizer pouco, pois a sua *História* traz em numerosas passagens a afirmação do caráter dialético dos textos que realmente resistiram ao tempo. Ao lado do extenso capítulo sobre o barroco internacional, há um capítulo sobre obras antibarrocas que foram compostas no mesmo período, o século XVII. Com isso, o estilo de época recebe um tratamento de diferenciação interna que revela o movimento da cultura, os valores centrais e os marginais em tensão fecunda. O mesmo se dá com o estudo do romantismo, que conheceu um título plural, "Os romantismos"... Enfim, ao resenhar a excelente história social da arte de Arnold Hauser, Carpeaux aponta as exceções que o historiador acabou omitindo sempre que fugiam ao esquema de determinação da obra pelo estilo hegemônico do seu tempo. Assim, no bojo do método socioestilístico reconhecemos a importância da contradição e da pseudomorfose, e não apenas da reprodução.

Um segundo caminho a ser trilhado nessa selva selvagem é o da ironização da "fortuna crítica", bela expressão italiana que precedeu a "estética da recepção". Cito um só exemplo, o texto "Poesia e ideologia", que se lê em *Origens e fins*. Trata-se do comentário que Carpeaux faz de um experimento feito pelo crítico inglês I. A. Richards e relatado em *Practical Criticism* (1929). Richards submeteu sessenta leitores a um teste de apreciação de treze poemas. Eram professores de letras, estudantes, críticos de revistas conceituadas e profissionais liberais. *Os poemas não traziam os nomes de seus autores*. Provinham de várias fontes, desde grandes poetas ingleses de diferentes épocas até almanaques jocosos ou sentimentais.

Os resultados foram simplesmente um vexame. A maioria dos sujeitos declarou "incompreensíveis" os poemas em que prevaleciam metáforas e outras figuras intimamente ligadas à linguagem poética. Leitores céticos irritaram-se com a dimensão teológica do maior dos metafísicos ingleses, John Donne. O mesmo preconceito levou-os a rejeitar a poesia de Hopkins. Um crítico, ardente republicano, denunciou o monarquismo de um poeta simbolista que usou a palavra "rei" em sentido figurado... Leitores prosaicos reprovaram textos em que aflorava a expressão de um *pathos* mais veemente: D. H. Lawrence foi, por isso, condenado. Em compensação, receberam calorosos elogios versos banalíssimos extraídos de jornalecos suburbanos.

Os comentários de Carpeaux aclaram o processo inteiro: a boa poesia é, quase sempre, difícil. O trabalho da forma, a profundidade da reflexão, a transformação do sentimento em imagem, enfim, tudo o que torna poética a poesia é ignorado ou subestimado pelo leitor. Sendo anônimo o poema, o leitor se vê desprovido da pressão cultural e do prestígio acadêmico e deixa às soltas a sua opacidade e o prosaísmo ideológico que o leva a reagir com respostas preconceituosas, as *stock responses* de que fala Richards. Que lição exemplar para todos os que se consideram profissionais das letras e só reconhecem como bom e belo o que tem a chancela do cânon! Como remédio, Carpeaux recomenda seguir o conselho de Coleridge, a *suspension of disbelief*. Os críticos que desconfiam de tudo e de todos, das personagens e dos narradores, do eu lírico e da voz épica, deveriam começar generosamente desconfiando de si próprios. Mas generosidade era o que não faltava a Carpeaux. Pondo a nu as limitações daqueles leitores apoéticos, não deixa de sublinhar a difusão ampla das *stock responses*, traços ideológicos recorrentes que cada um de nós deve reconhecer no cerne de nossos gostos e de nossas capengas racionalizações.

Dois momentos do Carpeaux brasileiro

Carpeaux não só se naturalizou cidadão brasileiro como se debruçou sobre escritores que conheceu já nos primeiros anos de convívio com a literatura de sua nova pátria. Se o banco de prova do crítico é a escolha que faz das obras cuja leitura prefere, não deixa de ser notável que, chegado de pouco ao Brasil, Carpeaux tenha escrito sobre os dois maiores poetas do século, Bandeira e Drummond, o maior narrador, Graciliano, e o melhor crítico dos anos 1940, Álvaro Lins.

O "Fragmento sobre Carlos Drummond de Andrade", que está em *Origens e fins*, impressiona pela riqueza de ideias concentrada em um artigo relativamente breve. O seu pensamento nos atrai pela força do aparente paradoxo que rege o texto inteiro: "A poesia de Carlos Drummond de Andrade, expressão duma alma muito pessoal, é poesia objetiva".[10] Em ensaio anterior, sobre Manuel Bandeira, o crítico chamava Drummond de primeiro "poeta público" do Brasil e do "vasto mundo", que a sua palavra ao mesmo tempo invoca e recusa. Agora a interpretação procura dar conta da *discordia concors* de "alma muito pessoal" e "poesia objetiva".

A análise formal aponta como dado saliente a ausência de rima e a irregularidade da construção rítmica. Não se trata apenas de ousadia modernista, mas de um efeito de estranheza, resultado da tensão não resolvida entre a percepção do "vasto mundo" e a impotência de habitá-lo e compreendê-lo mediante o sinal convencional do acordo, a rima. Chamar-se Raimundo seria apenas rima, mas não a solução para quem está apartado do vasto mundo. A alma muito pessoal almeja penetrar o enigma das coisas, mas desconfia que o seu desejo não encontrará na palavra mais que a certeza de uma falta. O objeto não é negado, idealisticamente, mas mantém a sua opacidade impenetrável: é, rigorosamente, objeto, irredutível às har-

[10] *Idem*, p. 438.

monias do canto. Diz Carpeaux: "A poesia de Carlos Drummond de Andrade, poesia de precisão máxima, está sem música".[11] Em compensação, vive do conceito e da interrogação. Daí a essencialidade da linguagem, desde sempre avessa ao ornato, ao decorativo, à melodia fácil, ao sentimentalismo de superfície. "*Poesía desnuda*", como diria Juan Ramón Jiménez, tão diferente embora de Drummond.

Descoberto o étimo dessa poesia — o sofrido e estoico reconhecimento da alteridade do mundo —, Carpeaux assinala os seus grandes núcleos temáticos: a cidade de cimento e vidro, os edifícios cada vez mais impessoais e a solidão do homem que neles mora. Como conviver com o coletivo, se este virou massa anônima? A poesia de Drummond enfrentou esse impasse na hora terrível da Guerra Mundial. Mas não abdicou do desejo de liberdade e aproximou-se dos que souberam resistir à alienação e ao desespero. Carpeaux sentiu como poucos a força solidária dessa palavra escrita quando o túnel parecia não ter saída. A sua adesão foi incondicional:

> "Quero dizê-lo, com toda a franqueza, que o encontro com a poesia de Carlos Drummond de Andrade me foi um conforto nas trevas, e que eu, que conhecia todas as poesias do mundo e experimentava todas as desgraças do mundo, compreendo agora melhor o sentido de uma longa viagem. Muito pereceu, e muito mais perecerá. Mas 'o presente é tão grande, não nos afastemos'; acompanhados de certas palavras, cer-

---

[11] *Idem*, p. 440.

tos versos que não se vão esquecer, como bons companheiros."[12]

Convém lembrar que Drummond, nesse ano de 1943, mal havia chegado ao meio do caminho. Não nos dera ainda *A rosa do povo* nem sua obra-prima, *Claro enigma*. Dedicara a Carpeaux "Os rostos imóveis", que está em *José*. Mas o exilado europeu, lendo *Sentimento do mundo*, já nos revelava o essencial de sua poesia brasileira e universal.

O ensaio "Visão de Graciliano" beneficiou-se do fato de Carpeaux ter lido toda a obra ficcional do seu escritor brasileiro predileto. Tinha sob os olhos *Caetés, Angústia, Vidas secas, São Bernardo*. Diante de matéria tão vária na representação de contextos e personagens, o crítico vai direto ao que é comum e relevante, o estilo. Mas não se detém na repetição do óbvio. Da evidência de que se trata de um estilo seco, despojado, castigado até o último detalhe, Carpeaux passa à verdade insuspeitada: o estilo de Graciliano é lírico, de um lirismo ácido e radical que, à força de cortes e descartes, fere sempre o essencial, o nu, o cerne das situações e das pessoas. O crítico ignora solenemente as partições retóricas dos gêneros literários e, como Croce, afirma a liricidade profunda latente em todas as obras de ficção. O lírico nada tem a ver com o eloquente, o sentimental, a projeção indiscreta do *moi haïssable*. O lírico só se interessa pelos extremos incanceláveis, a vida e a morte, o bem e o mal, o amor e o ódio, a luz e a treva.

Esse ensaio sobre Graciliano é uma aventura hermenêutica. Admiro as suas ramificações que só um leitor apai-

---

[12] *Idem*, pp. 442-3.

xonado de muitas literaturas poderia ter demonstrado. Mas confesso a dificuldade de resumir a riqueza de suas aproximações do narrador brasileiro com Goncharov, Thomas Hardy e Schopenhauer, que Carpeaux nega como influências, mas sugere como afinidades eletivas. O denominador comum seria a negatividade, ainda mais radical que a de Drummond, pois Graciliano não nos conforta com nenhuma esperança (a não ser, talvez, as ilusões de Sinha Vitória migrando para o Sul). Os narradores em primeira pessoa, Luís da Silva e Paulo Honório, desejariam suprimir o vasto mundo, insofrível e absurdo, e Carpeaux lembra a ascese do monge budista que espera o esvaziamento de todas as representações do objeto e do sujeito. Em suma, um desafio para repensar a Literatura Comparada.

Carpeaux, um intelectual de oposição à ditadura militar

A integração de Carpeaux na sua nova pátria começou pela literatura e acabou pela política. O golpe de 1964 pôs à prova as suas reiteradas esperanças na construção deste nosso Brasil, que ele chamava o seu novo mundo. Em 1939, o exilado reconhecia angustiado o fim daquela Europa de entreguerras embalada em ilusões de progresso infinito. Mas em 1964, a surpresa seria tão ou mais dolorosa: o Brasil do começo dos anos 1960 parecia caminhar para uma democracia não só formal, mas popular. Estava em processo uma aliança das forças de esquerda e de centro-esquerda, comunistas, socialistas, democratas cristãos, sob a hegemonia da política trabalhista, que alguns intelectuais puritanos timbravam em depreciar como populistas. Em 1963, a bandeira comum eram as reformas de base. O que aconteceu está prestes a fazer meio século e hoje é objeto de memória e estudo. Os artigos de Carpeaux, publicados no *Correio da Manhã* entre 5 de abril e 18 de outubro de 1964, foram reunidos em *O Brasil no espelho do mundo* (1965) e dão testemunho da sua reação imediata ao arbítrio então desencadeado. Devem ser lidos junto aos de Carlos Heitor Cony, enfeixados em *O ato e o fato*.

A originalidade desses textos está indicada no título. Carpeaux lê o Brasil "no espelho do mundo", através da consulta aos principais periódicos da Europa e dos Estados Unidos. São trinta jornais onde lhe era possível colher informações ignoradas no Brasil. Por exemplo, ficamos sabendo, por uma reportagem saída no *Le Monde*, que, duas semanas antes do golpe, o subsecretário do Departamento de Estado, Thomas C. Mann, declarou que "o Governo de Washington desiste da sua oposição sistemática aos golpes militares na América Latina". E logo depois, explicando melhor o seu ponto de vista, diz que "a estabilidade era mais importante que a democracia". Em artigo de 19 de maio, Carpeaux analisa um estudo sobre governança na América Latina. O autor, Merle Kling, professor na Universidade de Washington, publicou no *The Western Political Quarterly* um ensaio sobre a instabilidade do poder nos países latino-americanos: foram quarenta golpes desde 1945. Por que o Departamento de Estado foi ficando cada vez mais tolerante com esse estado de coisas? A resposta está no próprio estudo, por vias indiretas. A quem serviram essas quarteladas? Aos detentores do poder nos latifúndios, opositores de qualquer tipo de reforma agrária; aos negociantes da exportação de produtos primários, não por acaso denominada, em inglês, *agrobusiness*; à fração da burguesia fanatizada pela Guerra Fria; à mídia conivente com as corporações multinacionais; aos altos escalões do Exército e da Marinha; em suma, a todos os que viviam inquietos diante de uma mudança na correlação de forças então pesadamente favorável ao imperialismo americano. Como se vê, o que Carpeaux fez foi simplesmente revelar, mediante a leitura da imprensa ocidental, o contexto de um golpe que a tantos parecia exclusivamente brasileiro. Daí, a oportunidade de seus comentários sobre o macartismo, lembrado em 1964 no décimo aniversário do seu apogeu nos Estados Unidos; mas, quando aí já declinava, reposto em circulação na América Latina e desafortunadamente no Brasil. Carpeaux traz do Portugal ainda salazarista notícias constrangedoras: pelo Tratado de Consulta e Amizade, de âmbito luso-brasileiro, os agentes da PIDE poderiam colaborar com a polícia do Estado da Guanabara na perseguição de refugiados políticos portugueses!

A partir de outubro de 1964 até junho de 1965 Carpeaux escreveu, no mesmo *Correio da Manhã*, uma série de artigos sobre política internacional centrando suas baterias no que estava acontecendo na América Latina. A reunião desses textos encontra-se em *A batalha da América Latina* (1965). A introdução, cuja leitura recomendo vivamente, é um estudo minucioso e aguerrido sobre a Doutrina Monroe e as intervenções americanas na América Latina ao longo dos séculos XIX e XX. A rigor, foi o seu último livro, se excetuarmos o substancioso prefácio que escreveu para uma biografia de Hemingway em 1971 e o opúsculo em homenagem a Alceu Amoroso Lima, que saiu postumamente.

Afastado de seu trabalho no jornal, Carpeaux passou seus últimos anos redigindo verbetes para enciclopédias e artigos de oposição à ditadura na imprensa subterrânea do final dos anos 1960 e ao longo da década seguinte. Em 1967, foi chamado a depor perante a Polícia Federal sob a acusação de ter infringido o artigo 3º da Lei de Segurança Nacional em razão do seu artigo sobre o FMI, intitulado humoristicamente "FMI: fome e miséria internacionais". O inquérito durou até 10 de fevereiro de 1972, quando recebeu voto de isenção de culpa na 1ª auditoria da Marinha. Em 17 de janeiro de 1968 foi paraninfo dos formandos da Faculdade Nacional de Filosofia, o que lhe valeu detenção de algumas horas sob interrogatório.

Mas o que convém assinalar, para fecho destas linhas, é a firme decisão de Carpeaux de mudar a direção da sua vida passando da literatura para a oposição ao regime instalado em 1964. Foi o que ele escreveu e cumpriu até o fim. Leio o final da nota aos *Vinte e cinco anos de literatura*, antologia de ensaios organizada por ele próprio e editada em 1968:

> "Fiz uma seleção rigorosa: só escolhi trabalhos que, por este ou aquele motivo, ainda hoje possam inspirar interesse ao círculo de amigos da literatura.
> Mas já não me incluo nesse círculo. Considero encerrado o ciclo. Minha cabeça e meu coração estão em outra parte. O que me resta, de capacidade de trabalho, pertence ao Brasil e à luta pela libertação do povo brasileiro."

Sobre os textos

"O duplo espelho em um conto de Machado de Assis" — publicado originalmente em *Estudos Avançados*, n° 80, 2014.

"Em torno de um poema de *A rosa do povo*" — inédito.

"Relendo Carpeaux" — publicado originalmente em *Estudos Avançados*, n° 78, 2013.

Sobre o autor

Alfredo Bosi nasceu em 26 de agosto de 1936, em São Paulo. Filho de Teresa Meli, salernitana, e Alfredo Bosi, paulista de raízes toscanas e vênetas. Cursou o primário no Grupo Escolar D. Pedro II e o secundário completo no Ginásio Piratininga. Em 1955, ingressou no curso de Letras Neolatinas da Universidade de São Paulo. Obtida a licenciatura, em 1958, fez o curso de especialização em Literatura Brasileira, Filologia Românica e Literatura Italiana, e no ano seguinte foi escolhido para assistente de Literatura Italiana na mesma universidade. Em 1961, obteve uma bolsa de estudos do governo italiano para estudar Estética e Filosofia da Renascença na Faculdade de Letras da Universidade de Florença.

De volta ao Brasil em 1962, retomou a cadeira de Literatura Italiana na USP, disciplina que lecionou até 1970, tendo nela defendido duas teses que ainda hoje permanecem inéditas: o doutorado, "Itinerario della narrativa pirandelliana" (1964), e a livre-docência, "Mito e poesia em Leopardi" (1970). Paralelamente à vida universitária, entre 1963 e 1970 colabora assiduamente no *Suplemento Literário* do jornal *O Estado de S. Paulo*, sendo responsável pela seção "Letras Italianas".

Nel mezzo del cammin passa a predominar o polo brasileiro de sua formação. Tendo já publicado duas obras de história literária, *O pré-modernismo* (1966) e *História concisa da literatura brasileira* (1970), em 1971, transfere-se para o Departamento de Letras Clássicas e Vernáculas, onde passa a ministrar a disciplina de Literatura Brasileira. Torna-se titular em 1985. Foi professor convidado na École des Hautes Études em Sciences Sociales, de Paris, em 1993, 1996 e 1999.

Mas, apesar de toda a sua paixão pela Literatura Brasileira, o núcleo de sua formação teórica continua devedor da constelação italiana inicial. Politicamente, a inspiração gramsciana está presente tanto no subsolo dos conceitos de "cultura de resistência" quanto na militância, ao longo dos anos 1970, junto a um grupo de operários de Osasco, na periferia de São Paulo. Participa da Comissão de Justiça e Paz desde 1987. Entre 1997 e 2001 foi diretor do Instituto de Estudos Avançados da Universidade de São Paulo e atualmente é editor da revista *Estudos Avançados*. Foi presidente da Comissão de Ética da Universidade de São Paulo e professor da Cátedra Sérgio Buarque de Holanda de Ciências Sociais (Paris). Pertence à Academia Brasileira de Letras desde 2003 e recebeu o título de Professor Emérito da Faculdade de Filosofia, Letras e Ciências Humanas da Universidade de São Paulo em 2009.

Publicou:

Poesias de José Bonifácio, o Moço. Organização (com Nilo Scalzo). São Paulo: Conselho Nacional de Cultura, 1962.

O pré-modernismo. São Paulo: Cultrix, 1966; 5ª edição, 1979.

História concisa da literatura brasileira. São Paulo: Cultrix, 1970; 40ª edição revista, 2001; 50ª edição, 2016.

O conto brasileiro contemporâneo. Organização e introdução. São Paulo: Cultrix, 1975; 14ª edição, 2002.

A palavra e a vida: expressão e comunicação para a 5ª série do primeiro ciclo (com Rodolfo Ilari). São Paulo: Loyola, 1976.

O ser e o tempo da poesia. São Paulo: Cultrix, 1977; 8ª edição, São Paulo: Companhia das Letras, 2010.

"As Letras na Primeira República", *in* Boris Fausto (org.), *O Brasil republicano*, vol. 2. São Paulo: Difel, 1977.

"Um testemunho do presente", *in* Carlos Guilherme Mota, *Ideologia da cultura brasileira*. 2ª edição, São Paulo: Ática, 1977 (várias reimpressões); 3ª edição, São Paulo: Editora 34, 2008.

Araripe Jr.: teoria, crítica e história literária. Seleção e apresentação. Rio de Janeiro: Livros Técnicos e Científicos/Edusp, 1978.

Cuentos de Machado de Assis. Tradução de Santiago Kovadloff. Organização e introdução. Caracas: Ayacucho, 1978.

Machado de Assis. Organização (com J. C. Garbuglio, Valentim Facioli e Mario Curvelo). São Paulo: Ática, 1982.

Os melhores poemas de Ferreira Gullar. Seleção e apresentação. São Paulo: Global, 1983; 7ª edição, 2004.

Historia concisa de la literatura brasileña. Tradução de Marcos Lara. México: Fondo de Cultura Económica, 1982; 2ª edição, 2002.

"O nacional e suas faces", in *Eurípedes Simões de Paula. In Memoriam*. São Paulo: USP, Faculdade de Filosofia, Letras e Ciências Humanas, 1983.

Reflexões sobre a arte. São Paulo: Ática, 1985; 7ª edição, 2002.

Graciliano Ramos. Organização (com J. C. Garbuglio e Valentim Facioli). São Paulo: Ática, 1987.

Céu, inferno: ensaios de crítica literária e ideológica. São Paulo: Ática, 1988; 2ª edição, São Paulo: Duas Cidades/Editora 34, 2003; 3ª edição, 2010.

"Fenomenologia do olhar", *in* Adauto Novaes (org.), *O olhar*. São Paulo: Companhia das Letras, 1988.

Dialética da colonização. São Paulo: Companhia das Letras, 1992; 4ª edição, com posfácio, 2001.

"O tempo e os tempos", *in* Adauto Novaes (org.), *Tempo e história*. São Paulo: Companhia das Letras, 1992.

Leitura de poesia. Organização e apresentação. São Paulo: Ática, 1996.

Machado de Assis: o enigma do olhar. São Paulo: Ática, 1999; 4ª edição, São Paulo: WMF Martins Fontes, 2007.

Cultura brasileira: temas e situações. Organização. São Paulo: Ática, 1999; 4ª edição, 2002.

La culture brésilienne: une dialectique de la colonisation. Tradução de Jean Briant. Paris: L'Harmattan, 2000.

Machado de Assis. São Paulo: Publifolha, 2002.

Literatura e resistência. São Paulo: Companhia das Letras, 2002.

Cultura brasileña: una dialéctica de la colonización. Tradução de Eduardo Rinesi e Jung Ha Kang. Salamanca: Ediciones Universidad de Salamanca, 2005.

Brás Cubas em três versões: estudos machadianos. São Paulo: Companhia das Letras, 2006.

Colony, Cult and Culture. Prefácio de Pedro Meira Monteiro. Tradução de Robert Patrick Newcomb. Dartmouth: University of Massachusetts, 2008.

Ideologia e contraideologia. São Paulo: Companhia das Letras, 2010.

Série Essencial: Machado de Assis. Rio de Janeiro: Academia Brasileira de Letras, 2010.

"O cemitério dos vivos: testemunho e ficção", apresentação a *Diário do hospício e Cemitério dos vivos*, de Lima Barreto, organização de Augusto Massi e Murilo Marcondes de Moura. São Paulo: Cosac Naify, 2010.

Essencial Padre Antônio Vieira. Organização e apresentação. São Paulo: Penguin/Companhia das Letras, 2011.

Minha formação, de Joaquim Nabuco. Organização e apresentação. São Paulo: Editora 34, 2012.

Entre a literatura e a história. São Paulo: Editora 34, 2013; 2ª edição, 2015.

Dialética da colonização. Prefácio de Graça Capinha. Lisboa/Rio de Janeiro: Editora Glaciar/Academia Brasileira de Letras, 2014.

"Celso Furtado: uma nova concepção de desenvolvimento", *in* Rosiska Darcy de Oliveira e Marco Lucchesi (orgs.), *Antologias ABL: Ensaio* (edição bilíngue português-francês). Rio de Janeiro: Academia Brasileira de Letras, 2015.

Brazil and the Dialectic of Colonization. Tradução de Robert Patrick Newcomb. Champaign: University of Illinois Press, 2015.

Este livro foi composto em Sabon, pela Bracher & Malta, com CTP da New Print e impressão da Graphium em papel Pólen Bold 90 g/m² da Cia. Suzano de Papel e Celulose para a Editora 34, em fevereiro de 2017.